# 信访理论与实践
## XIN FANG LI LUN YU SHI JIAN

◎汤波 著

西北工业大学出版社

图书在版编目(CIP)数据

信访理论与实践/汤波著.—西安:西北工业大学出版社,2016.3(2020.9重印)
ISBN 978-7-5612-4775-4

Ⅰ.信… Ⅱ.①汤… Ⅲ.①信访工作—中国—文集 Ⅳ.①D632.8-53

中国版本图书馆CIP数据核字(2016)第046950号

| | |
|---|---|
| 出版发行: | 西北工业大学出版社 |
| 通信地址: | 西安市友谊西路127号　邮编:710072 |
| 电　话: | (029)88493844　88491757 |
| 网　址: | www.nwpup.com |
| 印刷者: | 陕西光大印务有限责任公司 |
| 开　本: | 850mm×1168mm　1/32 |
| 印　张: | 6 |
| 字　数: | 133千字 |
| 版　次: | 2016年3月第1版　2020年9月第2次印刷 |
| 定　价: | 28.00元 |

附函

# 国 家 信 访 局

信复字〔2014〕567 号

汤波同志：

  你好！

  你给舒晓琴同志的来信及《信访理论与实践》一书收悉。你所撰写的文章，体现出对信访业务的深入钻研与积极思考。望继续努力，为信访工作制度改革作出贡献。

  祝工作顺利！

2014年10月14日

# 作 者 简 介

汤波，1969年11月出生，陕西省商南县人，中共党员，研究生学历。1987年9月入伍，在中国人民武警部队甘肃省总队第三支队服役。1990年9月，在中国人民武装警察部队专科学校政治系政治专业学习。1992年3月，在中国人民武装警察部队甘肃省总队兰州市支队工作。1998年3月进入部队机关后，从事组织、干部、宣传等工作，任部队副主任。2000年9月，从部队转业到地方工作，在中共甘肃省委信访室工作。2004年3月，在甘肃省信访局工作，从事接访、办信、督查、办公室、联席会议办公室等工作。2006年9月，在中共中央党校在职研究生院学习。2008年3月，在国家信访局挂职锻炼。利用业余时间刻苦钻研写作，是作家协会会员，先后在中央、省、市级刊物发表新闻、诗歌、杂文等作品近100万字，并发表多篇有关构建和谐社会的文章。

# 前　言

"信访工作是为人民群众排忧解难的工作，也是构建社会主义和谐社会的基础性工作"，妥善处理好人民群众信访问题，是保持社会稳定大局的需要。信访工作是党联系群众的桥梁和纽带，是了解社情民意的窗口，是人民内部矛盾的润滑剂和调和剂。信访工作是一项光荣的工作，上为党分忧，下为百姓排难。正确处理新形势下的信访问题，是我们党做好群众工作的重要基础。因此，探讨信访工作的理论很有必要。

改革开放日趋深入，许多新情况、新问题随之而来，1989年11月，国务院办公厅印发了《关于加强信访工作的通知》，明确了新形势下信访工作的指导思想、工作任务和原则方法。1995年10月，中央召开第四次全国信访工作会议，强调正确处理改革、发展、稳定三者之间关系。

跨入新世纪，我国各项建设正处在高速发展的时期，随着改革的进一步深入和社会经济发展进程的不断加快，一些长期积累的深层次矛盾逐渐凸显并通过信访渠道反映出来，尤其是经济利益的调整使社会矛盾更加突出，由此而引发的群众信访活动不断增多。各种矛盾交织，诉求形式呈多元化，信访活动的突发性、组织性特点更加明显。正确处理各种矛盾，对维护社会稳定与和谐，保障经济又好又快的发展和人民切身利益起到至关重要的作用。

信访工作必须是以最广大人民群众根本利益为最高标准。

我们必须严格按照《信访条例》和相关法律法规的规定，注重人文关怀，处理每一个信访问题，一切为了群众，一切依靠群众，坚持群众路线，倾听群众的呼声，反映群众意愿，解决群众反映的热点问题。信访工作涉及经济、社会、法律、工业、农业、城市、农村等各方面各领域，每个信访问题都必须认真对待，与有关单位及时协调沟通，做到件件有回声，事事有着落，以创新的精神破解信访难题，以创新的思路、创新的理论，开展信访工作。

笔者通过不断的学习和实践，就新形势下贯彻《信访条例》撰写了关于信访工作的文章，对信访工作在社区、在农村、在企业等产生的原因和对信访问题的处理一一进行了剖析，对疑难信访问题如何化解，对群众集体信访产生的原因及建议，对认真贯彻《信访条例》一一做了探讨。这些文章发表在不同刊物上，对信访工作有一定认识并能推动信访工作的深入开展。

他山之石，可以攻玉。《信访理论与实践》一书对做好新形势下的信访工作和推进构建和谐社会很有裨益。

汤波

2016年3月

# 目 录

认真贯彻《信访条例》切实把矛盾化解在基层 …………… 1
积极探索新时期信访工作的新途径 …………………………… 6
浅析信访问题产生的原因 ……………………………………… 9
浅谈集体信访的成因与对策 …………………………………… 15
群众集体信访原因及建议 ……………………………………… 20
对妥善处理好群众集体上访工作的思考 ……………………… 22
企业信访工作应采取的对策 …………………………………… 25
对企业改革中信访工作的几点思考 …………………………… 29
对社区信访工作的思考 ………………………………………… 35
农村群众集体信访问题的思考 ………………………………… 40
浅析如何正确处理越级上访 …………………………………… 43
对群众重复赴省进京上访问题的调查 ………………………… 47
浅谈逐级上访 …………………………………………………… 52
对当前涉法涉诉信访问题的思考 ……………………………… 59
对建立和完善基层信访稳定工作长效机制的思考 …………… 65
浅谈构建大信访工作格局的现实意义 ………………………… 71
浅议做好信访信息工作 ………………………………………… 74
疑难信访问题如何化解 ………………………………………… 79
对提高工作执行力是做好信访工作的思考 …………………… 83

对预测信访问题事件的思考 …………………………… 87
对信访工作成为党委和政府的参谋助手的思考 ………… 89
浅议信访接访谈话的艺术技巧 …………………………… 92
浅论信访干部精神 ………………………………………… 98
浅议信访干部的政治素质 ………………………………… 103
对新形势下坚持正确理念做好信访工作的思考 ………… 106
关于做好新时期信访工作调研的认识 …………………… 109
对加强基层信访干部素质和能力建设的思考 …………… 115
对经济发展新常态下的信访问题看法 …………………… 118
对社会转型期信访工作的认识与对策 …………………… 121
对信访工作与法律服务相结合实践的思考 ……………… 124
对创新社会治理体制中的信访工作的思考 ……………… 130
对运用调解化解信访矛盾的实践与思考 ………………… 134
关于建立信访工作下基层的调查与思考 ………………… 139
做好初信初访的思考 ……………………………………… 144
浅谈新形势农村信访问题的原因及对策 ………………… 147
当前网上信访的现状与对策 ……………………………… 154
对加强新时期网上信访工作的思考 ……………………… 159
网上信访工作面临的挑战及对策 ………………………… 162
做好信访工作的"四不"精神 …………………………… 168
对新形势下信访工作"十点"认识 ……………………… 170
信访工作的体会和认识 …………………………………… 172
成长 收获 跨越 ………………………………………… 178

后 记 ……………………………………………………… 181

# 认真贯彻《信访条例》
# 切实把矛盾化解在基层

在新的形势下,认真贯彻《信访条例》,强化逐级上访,最大限度地减少越级信访、赴京信访,必须建立一套科学、严密的逐级上访实施体系。

一

新的《信访条例》规定,逐级上访是指上访人(公民、法人或其他组织)向各级党委、政府及县以上各级党委、政府所属部门反映情况、提出意见、建议和要求时,先向对所反映问题有直接管辖处理权的一级机关单位或部门反映,起点单位按照问题的性质,根据"分级负责、归口办理""谁主管谁负责"的原则,在规定的时间内做出处理并以《来访问题处理意见书》答复上访人;上访人若同意处理意见,即签字停访息诉,若不同意且有正当理由,再持起点单位做出的《来访问题处理意见书》向起点单位的上一级主管单位反映。《信访条例》一方面规范了上访的行为,逐步改变了"告御状"的传统习俗,依法上访,相信基层,依靠基层。另一方面约束了基层领导,克服官僚主义,认真履行职责,提高办事效能,依法处理信访问题,为民排忧解难,把应该由基层解决的问题解决在基层,真正形成一级抓一级、级级负责的局面。

逐级上访实施的过程,就是贯彻执行《信访条例》的过程。因此,要使《信访条例》得到全面贯彻执行,实现有序上访,就必须强化逐级上访。

## 二

逐级上访的实施,在一定程度上提高了信访工作的效率,完善了信访工作的职能,增强了受理部门的责任心,改善了信访秩序,及时化解了矛盾,促进经济社会稳定、和谐的发展。近几年来,在实施逐级上访的过程中还存在一定的随意性,不能适应错综复杂的信访形势,主要表现在以下几方面。

1.对新的《信访条例》的逐级上访宣传力度不够,宣传力度不大,因而群众对逐级上访了解不深、理解不透。

2.基层解决问题不利。比如一些部门和少数干部,工作责任心不强,不关心群众的疾苦,不耐心做上访群众的思想工作,对群众反映的问题久拖不决,甚至一拖再拖,把矛盾扩大。群众的困难和问题得不到及时解决,群众有意见,有情绪,因而造成了越级上访,多次重访。

3.《逐级上访处理意见书》的使用参差不齐。《逐级上访处理意见书》的运用不规范,有的地方使用了,但并不完整,有的地方未使用,特别是乡到县、市到省的越级上访,几乎都未持《逐级上访处理意见书》。正因为这样,上级对来访者反映的问题是否属实、真实性有多少,很难把握。

4.缺乏应有的督查。大量的越级信、越级访基本上是一级转一级,除重要信访件要查报结果并反馈外,其他的上访件不需查报结果。由于是一级转一级,最终信转到了什么地方,问题有没有解决,上级很难搞清楚,就出现了重复信访、重复接访、重复调查的问题。

5.越级上访处理难度大。信访部门在处理各种越级上访案件时,遇到的困难和阻力是,个别部门的领导对信访部门的联系人不理不睬,甚至推三阻四,不愿亲自接待群众,有的虽然接待了,但对群众反映的问题久拖不决,造成一次次越级上访。

6. 深入基层调查研究不够。由于人员少、经费不足等因素,对查探信访源头、控制群众集体上访和越级上访等缺乏必要的调查研究,因而,对可能出现的新情况、新问题、新矛盾预测难度大。

7. 办公设备落后。信访部门的工作条件还比较简陋,信访工作量大,效率低。

## 三

随着改革的不断深化、新旧体制的转换和各种利益格局的调整,社会矛盾逐渐突出,加之一些地区、部门中出现了分级不负责、归口不办理的现象及个别干部以权谋私、官僚主义、形式主义、工作方法简单粗暴等,致使群众的来信来访数量增加,尤其是越级集体上访频繁发生,次数增多,规模增大,为此,要减少越级集体上访,就必须按照分组负责、归口办理的原则,建立和完善一套科学、严密的逐级上访实施体系。包括以下三点:一是规范化的管理体系,二是现代化的管理体系,三是严密的督查体系。要建立科学、严密的逐级上访实施体系,就必须做好以下工作。

1. 加大信息工作力度。基层是群众信访的源头,是解决群众信访问题的关键,因而,基层的信访工作搞好了,越级上访、重复上访就少了。为此,必须有一个团结的、具有凝聚力的、为人民办实事的信访领导班子。有专抓信访工作的领导,配备强有力的信访人员,改善必要的工作环境,给予必要的经费,认真听取基层信访工作者的建议和呼声,帮助他们解决实际困难,同时应加强对基层信访工作的管理、指导,调动基层信访工作人员的积极性。

2. 加强学习，提高认识。各级领导干部应更进一步学习新的《信访条例》及《逐级上访和分级受理暂行办法》，熟悉掌握新的《信访条例》的内容，从中领会其精神实质，使各级树立全心全意为人民服务的思想，切实负起责任，不推诿扯皮，更不把矛盾扩大，认真解决好本地、本单位职权范围内的信访问题。

3. 逐级上访的宣传要持久。必须持久地不间断地采取各种形式向人民群众和广大干部宣传逐级上访，做到在宣传中引导、在引导中宣传，使两者有机结合起来，努力从改变干部、群众的信访观念方面下功夫，让广大干部、群众通晓内容、理解精神，使逐级上访制度真正深入人心，从而转变唯上唯大的"告御状"的陈旧观念，树立相信基层、依靠基层解决问题的信心。

4. 坚持使用《逐级上访处理意见书》。在处理上访问题时，无论哪个单位都必须使用《逐级上访处理意见书》，对《逐级上访处理意见书》，全省应有统一的规定。对未持《逐级上访处理意见书》而越级上访的，上级部门只做登记，不办理，但可附《逐级上访处理意见书》转当地主管部门处理，并规定处理时限并复印报上级备案，避免重复越级上访，防止久拖不决的情况发生。

5. 授予信访部门追责建议权。对群众反映的问题拒不受理或敷衍了事、办事不公、处理不及时、处理不果断、拖而不决而引起群众上访或越级上访的；对出现群众集体越级上访的，属部门工作范围内经信访部门联系后有关责任人不到场制止、劝阻、不做疏导工作的，信访部门有权建议各级党委政府或纪检、监察部门，对该单位责任人追究责任，给予严肃处理。

6. 授予信访部门督办权。各级部门都应设有专门的信访督办科，配备相应人员，对所属各部门解决的来信来访件都应规定办结的时限。督办科根据案件的办结时限，对各部门所涉及的信访部门的办结情况进行督查、督办，甚至跟踪督办，从而提高一次性结案率，真正使每一件来信来访都落到实处，以减少重访或越级上访。

7.领导要重视信访工作。各级领导要把信访工作放在重要的位置，把群众的来信来访当作"龙头""窗口"，及时点评决信访部门的工作汇报，并亲自接待群众、阅批各种信访件，认真抓好信访网络建设。

8.深入调查研究。当前集体上访和集体越级上访有增无减。要控制集体上访、越级上访，就要做深入细致的调查研究，透过表面弄清问题的症结，制定出具体的措施和办法，着眼于从机制上、制度上、法制上、责任上解决问题。

9.实现计算机的有效管理。要广泛运用计算机，对来信来访反映的问题、处理的情况及资料、信息等各个环节实施有效管理。同时可在全国全省信访系统内部建立统一的计算机管理信息网络，及时沟通各地信访信息，有效地减少并防止越级上访。

综上所述，做好以上方面的工作，就能够按照新的《信访条例》的要求，围绕逐级上访这个中心，建立和完善有效的逐级上访运行机制，建立科学、严密的逐级上访体系不断开拓信访工作的新局面。

（原载2005年11月《办公厅工作》）

# 积极探索新时期信访工作的新途径

党的十六大报告中指出,全面建设小康社会必须做到,发展要有新思路,改革要有新发展,开放要有新局面,各项工作要有新举措。并强调,为完成发展任务必须保持长期和谐稳定的社会环境。这就从更高层面对信访工作提出了新的要求,我们必须充分认识到在新的历史时期做好信访工作的重要意义,按照"三个代表"的要求不断探索信访工作的新途径,推动信访工作与时俱进,更好地为改革发展的稳定服务。

**一、必须深化对新形势下信访工作重要性的认识,增强责任意识**

信访工作是我们党和政府密切联系群众的重要渠道。通过信访这个窗口和渠道,可以更多的了解社情民意,反馈党和政府的方针政策以及工作部署落实情况。在新形势下,随着改革的推进,深层矛盾和问题将会凸显,涉及全局工作维护社会稳定的任务十分繁重,一定要讲党性、讲政治、讲大局,真正实践"三个代表",高度深刻做好信访工作。充分发挥信访工作在化解人民内部矛盾维护稳定方面的作用,充分发挥信访渠道的作用,善于用法律的、经济的方法,实事求是的化解矛盾,自觉增强做好信访工作的责任感和紧迫感,为经济和社会的发展创造良好的环境。

## 二、树立群众观点,实事求是把信访工作立足于为群众解决实际问题上

目前,群众来信来访大多反映的是在他们生产生活中遇到的具体困难、实际困难和问题,希望党和政府能够帮助他们解决,因此要树立人民群众利益无小事,视人民为衣食父母的思想观,设身处地为人民服务,帮助他们解决实际困难,同时妥善处理每封群众来信,每一起群众来访,把群众的问题解决一批,稳定一批。当前群众信访多发生在基层,问题绝大多数可以在基层解决,因此要增强基层化解矛盾的能力,做好初信初访工作,提高办结率,对群众反映的问题按现行政策处理。有条件解决的,一定要及时解决,加速解决,没有条件解决的,要创造条件解决,对由于政策原因一时解决不了的,要做耐心说服工作,取得群众的支持,区别不同情况研究解决问题的方法,努力满足群众合理要求,把党和政府的温暖送到群众心中。

## 三、与时俱进,不断探索新时期信访工作的新途径,维护好安定团结的大好局面

坚持解放思想、实事求是的路线,弘扬与时俱进的精神是我们党长期执政保持先进性和创造力的决定因素,是我们把事业不断推向前进的不竭动力,也是我们做好信访工作的必然要求。当前,随着社会主义市场经济的深入,我国经济成分、组织形式、就业方式、利益关系日益多样化,信访工作涉及的领域越来越多,出现了新情况、新问题、新矛盾,这对我们做好新形势下的信访工作提出了更高要求。这就要求我们一定要学好十六大精神,必须进一步发扬解放思想实事求是的工作作风,认真分析群众信访工作的热点和难点,并提出对策。具体包括:一是要树立改革开放越深入经济越发展越是要加强信访工作的观念。坚持抓信访、求稳定、促发展,充分发挥信访工作为改革稳定大局服务的特殊

作用。二是要以新观念、新视角研究新形势下信访工作面临的新情况、新问题,加强对信访工作理论的思考和研究,不断探索信访工作的新途径。三是不断推进工作机制和工作方式的创新。在继承信访工作传统的好的做法的同时,将现代科学、行为科学等前沿科学引入信访工作中。不断推进信访工作与时俱进发展,大力增强信访工作的创造性,不断开创信访工作新局面。

(原载2004年4月《调查与研究》)

# 浅析信访问题产生的原因

随着改革开放和社会主义市场经济建设的深入开展,信访矛盾逐渐增多,信访问题愈发突出。从信访问题产生的过程、复杂交织的信访矛盾现状、有些地方对信访问题的解决状况来看,信访问题的产生有多种原因。其中,既有改革深入经济发展中出现的新矛盾、新问题,又有历史遗留下来的老矛盾老问题;既有体制之痛,更有利益之争;既有客观因素,也有人为因素。回顾近几年以来的信访情况,信访问题产生的原因大致可以归为下述几方面。

1. 少数党委、政府及其部门存在行政不依法、决策不科学问题,侵害了部分群众的合法权益,引发了信访问题。发展是硬道理,"硬发展"便是无道理。为人民利益的发展是硬道理,损害群众利益的发展是无道理。有的地方党委、政府一厢情愿地"为群众谋福利""为群众办好事",但没有充分听取群众意见,导致一些决策的内容偏离群众的期望,往往事与愿违,群众对政府强加的"好事"不理解、不支持,甚至产生抵触和逆反心理。有的为了搞硬发展,甚至违反国家法规政策,强行划拨、违法强占农民土地,强拆居民房屋。有的滥用行政权力,以貌似合法的方式侵害群众合法权益,如乱收费、乱集资、以种种名目规定上缴款,引发群众强烈不满。有的地方受虚荣心理驱使,不切实际地搞一些劳民伤财的"形象工程"

"政绩工程",其结果是领导争了"面子",群众失了利益,由此引发了大量的信访矛盾。还有个别干部为增项目、求指标,甚至不惜以牺牲环境为代价,搞污染项目,损害群众利益。

2.有的领导干部履行职责不到位,没有真正把信访工作放在心上、抓在手上。存在九种现象:一是有的办案流于形式,"光说不练""只挂帅不出征"。二是有的对产生的信访矛盾怪下级、怪群众,不从自己身上找原因,不从思想根源上找症结,只要求信访群众"正确对待",而不能以诚恳的态度"对待正确"。"三是有的存在畏难情绪,工作作风不实,不愿做艰苦细致的工作,致使一些疑难复杂问题久拖不决。四是有的领导对历史遗留问题上推下卸,不愿解决,怕麻烦,怕花钱,还美其名曰"新官不理旧账"。有的单位将本应由自己解决的问题承担的责任,在实际操作中层层下推,导致群众越级上访。五是有的违规操作,为达到目的将权力层层下放,有意放任基层乱作为。如城镇房屋拆迁,有的市里将权放到县区,县区又将权放到拆迁公司,让拆迁公司去代表党和政府拆迁,致使拆迁户利益受到侵犯。六是有的对损害群众利益的行为不能采取有效措施,不能主动及时地加以纠正。七是有的对信访工作主体的责任不抓落实,有权部门制造信访却让无权部门来处理信访。八是有的领导怕担责任,不敢动真碰硬,对应该依法处理的问题不能及时予以处置,致使极少数的违法信访人反复进京非正常上访。九是有的实施责任追究不力,对不依法办事、不履行职责、损害群众利益的单位和领导责任追究不到位。这九种现象总的来说,就是明责不履责、有责不负责、失责不问责。

3.一些地方和部门发展的成果没有让社会公众共享,改革的收益没有被公平地分配,导致一部分人不成比例地承担了改革的成本,从而引发了群众信访。一些部门或行业在计划经济时期形成的资源占有和权力范围,没有得到及时的调整或者拆除,在改革中成了最大受益者,而付出的成本却很小。相反,有的改革成本乃至发展的代价被弱势群体承担着,形成贫富不均的现象。比如,国有企业改制中,少数部门和单位采取利益内卷化的方式进行改革改制,致使有的人一夜之间变成了暴发户,而大部分人却成了下岗失业人员。再如,有的农民为修筑高速公路,失去了土地,得到的只是最低廉的补偿,而少数的公路集团管理者却可以拿到几万甚至十几万的年薪,这种差距是何等之大,这必然使一部分人由于利益失衡而导致心理失衡,以致引发大量的社会矛盾。

4. 在利益格局调整过程中,利益受损的一部分人,受攀比心理驱动,走上上访之路。在改革的过程中,社会就业方式和分配方式日趋多样化,发展不平衡的矛盾日益凸显,导致不同地方、部门和群体利益格局的调整,不断产生新的利益矛盾,引发一部分利益受损者心里不平衡。失衡的社会会产生两种仇恨:一是仇富,二是仇官。仇富的人可以天南海北举例骂人,随意发泄不满;仇官的人不敢明说张三李四,但敢指桑骂槐、泛指泛骂。于是就出现了"见人升官就生气,见人发财就发狠"的一部分人。有的人走路跌倒了,他不怪自己的腿不好或没走好,而是骂政府没有把路修好。在这非对抗性矛盾冲突中,便产生了为宣泄不满、不平而走上上访之路的群体。

5. 在改革发展过程中,部分弱势群体产生合法性危机,陷入迷茫,对长远生活保障心中无底而上访。目前,有三个社会弱势群体呈心理失衡、迷茫状态。一是失地农民群体。伴随着工业化、城市化步伐的加快和道路交通等各项工程建设的推进,大量的土地被征用占用,一批又一批的农民失去了世世代代赖以生存繁衍的土地,失去了原有的最基本的生活保障。中国农民传统的保障来自土地保障和家庭保障这两个方面,失地后,这两个保障都没了。他们担心现在补偿的几千元钱几万元钱用完了怎么办。虽然给他们办了低保手续,让他们享受了低保待遇，但他们忧虑一旦遇到天灾人祸仅靠低保的钱是过不下去的。二是企业下岗职工群体。在企业改制过程中，许多职工相继下岗，在领取少量的经济补偿后完成"身份置换"，其中绝大部分下岗职工虽享受了"低保"待遇，但无法再就业，无其他收入来源，生活仍然面临困难，他们因后顾之忧而彷徨不安。原因有二：其一，我国原来的国有、集体企业大都担负着社会职能，过去的一切都是依靠企业生存的，企业就是他们的家，就是供养自己生息的支柱和精神寄托。职工身份被买断、被解雇、被推向社会，就像断了根一样，失去了依托，必然产生茫然、惶恐心理。其二，再就业问题，说起来容易做起来难。市场经济下，都是私营企业股份制经营，政府对此没有用人分配权，加之下岗职工又大都文化程度低或没有专长，能有多少私营企业会去照顾这些人呢？另外，私营企业是以追求利润最大化为目标的，不可能去承担慈善机构的职能。三是城市拆迁户群体。由于城市一轮又一轮的建设，很多居民的房屋被拆迁，虽然他们得到了补偿，但因补偿有限、房价上涨快等问题，不少被拆迁户陷入困境。一方面，买不起新房。有的看上去补助标准不低，但由于被拆迁面积小，拆迁时补偿款数额并不多，靠补偿款根本买不起新盖的住房。另一方面，隐形损失显而易见。往往路灯变亮了，马路变宽了，楼房变高了，城市变美了，街道变得繁华了，然而这些都已不再属于他了。有的拆迁后，被迁到郊区或城区附近的农村居住，城里人反而变为农村人了。生活环境的改变，对没有职业的人来说，还断了他的经济来源。有的原来住在市区，靠卖凉粉、修车子、卖大碗茶就能养家糊口，现在没有这个条件了。

6.我国司法活动中的多种因素引发了大量涉法涉诉信访。一是民众具有浓厚的"青天情节"，认为凡事找清官、大官，就能解决问题。群众有了问题，习惯于找领导批示，找上级表态,找清官"公证"。二是将无限申诉制度引入信访。由于我国无限申诉制度的存在,相当一部分已经被法院终审判决的案件"案结事未了",当事人因不服判决反复上访,败诉方上访甚至胜诉方也上访。有的当事人存在以上压下的心理,案件还在一、二审正常审理程序当中就开始越级上访,希望借上级的关注来施压,以达到在判决中获得个人利益最大化的目的。三是判决后执行不到位。一部分当事人因为生效后的法院判决得不到执行,也试图通过信访途径来解决。四是法院判决有瑕疵,但又不愿纠正,损害了当事人利益。五是个别上访人员无理取闹,以获取某种个人利益。

7.一些干部不想做、不会做、不愿做群众工作,特别是少数年轻干部,缺乏群众工作经验,客观上造成了一部分信访的发生。现实中,有三种情况值得注意,一是不想做。少数干部不想做信访工作,认为做群众工作无效益,与政绩、职务升迁无关,在处理社会矛盾问题上存在"漠然心态",责任心流失。二是不会做。对群众上访茫然无策,讲经济头头是道,但一见到上访群众就不知说什么,从哪里说起。个别领导不愿意听群众意见,不善于疏导群众情绪,对群众反映的问题和提出的诉求总是推、拖、磨、躲,把本来能够通过政策宣讲、思想教育工作化解的矛盾和问题激化,把小问题拖成了大问题。三是不愿做。对群众疾苦熟视无睹,高高在上,躲避上访群众。这种人只知天下之大,不知天下之小。不能转换角色,做不到将心比心、心灵对位交流。他们对群众的合理诉求不予理会,充耳不闻,视而不见,有的怕粘上"老虎"惹麻烦,有的怕处理不好丢面子,有的是装糊涂放任自流。还有一些干部只是对上级负责,眼睛朝上,对上唯恐不周,对下麻木不仁、毫无感情,权力职务对其只是角色附体,习惯在表演中生活、在生活中表演。不愿做群众工作看起来是工作上的问题,实质上反映的是对群众没有感情,是政治素质问题。

8.改革发展过程中认识上的错位导致了一些信访问题。改革发展是"摸着石头过河"走过来的,在改革开放中习惯于先破后立,在考虑利益问题时习惯于用"先国家后集体再个人"、先抓经济后考虑民生的认识视角来设计民众的生产生活问题。这种认识上的错位,使建国以后制定解决民生问题的政策偏少。这积累了一些民生问题的矛盾,又使一些新矛盾不断产生。同时,在改革中化解矛盾的方法往往失当,基本上是"大闹大解决、小闹小解决、不闹不解决"的被动方式,于是出现有理无理都要闹、"闹而优得利"的现象,使矛盾产生于诸多复杂因素中。

9.边缘群体产生的失衡感、自卑感和被排斥感,使社会出现焦虑不安,也是使群众走上信访道路的一个诱因。近几年来,由于受不同群体收入分配差距、个人就业、看病、上学、住房困难等客观因素影响,部分社会成员产生失衡感、焦虑感,甚至产生社会逆反心理。这部分群众一旦有冲突、矛盾爆发,就会群起而随之,达到借题发挥、宣泄不满的目的。

(原载2005年6月《办公厅工作》)

# 浅谈集体信访的成因与对策

集体信访是在一定的社会范围内，管理者与被管理者矛盾发展到一定程度的产物。这类矛盾主要为人民内部矛盾，虽然集体信访时有某些人无理取闹、歪曲事实，甚至纯粹是受个别人的煽动，但是这些都是次要方面，构不成主要内容。集体信访的主要内容仍然是人民群众追求真理、伸张正义的一种建设性行为，所以党和政府历来重视这类问题。信访工作是体察民情的重要渠道，是对政策的及时反馈。我们认为，人民信访真正纯粹讲个人要求的比较少，多数还是对我们党和政府工作中的缺点、错误提出批评，特别是对一些坏人坏事进行举报。这些话对我们有深刻的启示，不但指明了信访工作的性质，而且也指明了认真对待信访工作的重要意义，这对处理集体信访现象无疑是适用的。我们认为，无论上访者动机如何，集体上访都是被管理者与管理者协调矛盾、试图沟通的一种方式，认真对待和解决集体信访事件主要应注意两点，一是要迅速反应，二是要及时处理。"迅速反应"表明了工作态度，而"及时处理"则在一定程度上反映了信访工作者的工作成效和工作质量。

## 一、从管理的角度看集体信访的性质与成因

1.集体信访具有客观存在性。有管理必定有矛盾，管

者与被管理者是一对矛盾主体。在阶级社会里,管理者与被管理者在阶级矛盾的主导下,双方的矛盾有不可调和性。在我国现今的社会主义社会里,虽然管理者与被管理者客服了不可调和性的局限,但是经济基础作为客观物质条件制约着管理行为,决定了管理者的管理不可能完全科学和面面俱到。如有的地方,作为管理硬件的交通、通讯设施跟不上管理发展的脚步,就容易造成信息阻塞,管理者不能及时了解情况,从而造成管理上的时间差,影响工作效率,甚至导致管理者作出错误决断。再如,物质生产还不能完全做到各取所需的程度,那么由生产力制约着的分配问题亦不可能没有矛盾。前些年,关于"脑体倒挂"的牢骚不是很多吗?有限的生产资料和生活资料的分配显然不可能面面俱到,而且就现在的管理科学发展水平而言,物质分配还不可能完全准确地用在刀刃上,这在一定程度上又影响了具体分配办法的说服力。认真分析集体信访事件,可以看出,相当一部分都与经济问题紧密相关,如企业职工的工资、临时工的报酬、事故、伤害的赔偿等,这些常常是导致争端、诱发集体信访事件的因素。

2.集体信访具有管理双方的主观性。就管理者而言,可能在管理工作中的确有主观性错误,少数干部素质不高、官僚主义严重。有的干部为了达到个人目的,满足私欲,滥用人民赋予的职权。有的干部没有全心全意为人民服务的思想,不关心群众疾苦,工作不深入,欠细致,群众的切身利益得不到保障,对群众反映的问题不认真对待,踢皮球,长期不解决,以致矛盾逐步激化并扩大。对于管理者来说,为什么选择集体信访这种方式?一方面是为了增加"信访事件"的重要性,扩大影响,给管理者施加压力。另一方面,可能确实有一段个体信访前奏,未获结果。但是,于被管理者而言,更重要的主观性因素,可能在于法制观念淡薄,不懂得用法律维护自身利益,不懂得按法律程序办事,大小事都找领导。也有部分群众对改革措施缺乏足够的了解和认识,特别是计划经济向市场经济过渡的转型时期,新旧观念冲突加剧,如破"三铁"、实行全员劳动合同制等,部分下岗人员和失业职工难免产生抵触情绪。

## 二、迅速反应是防止矛盾激化和越级上访的基本方法

集体信访有一个比较明显的特点,就是常和越级上访交织在一起,有的集体上访本身已越级,有的发展下去即越级,这是矛盾进一步扩大的反映。如何防止矛盾扩大、激化,把集体信访阻止在扩大、越级之前?从对待集体信访的态度而言,首先应作迅速反应。所谓迅速反应,就是要从接待上访者开始,作出积极的受理姿态,包括认真听录,耐心与上访者一起分析案情,提出拟办意见,开始做取证准备,更重要的是要让上访者及时看到有效行动,这是迅速反应的中心环节。在允许的范围内,尽可能让上访者看到办案的过程,如果办案不顺利,让上访者及时知道难度在哪里,阻力在哪里,同时让上访者相信问题一定能得到解决,以消除上访者对办案者的对立情绪。"迅速反应"让上访者看到了效率和工作作风,有利于稳定上访者的情绪,增强其对信访工作者的信任,从而也有利于上访者更冷静、更理智,防止激发新的矛盾。

处理信访事件,纯粹从管理者的角度思考对策,很容易形成思维定势,很容易犯主观主义和官僚主义错误。换位思考往往能从信访者的角度发现问题的关键,以利于对症下药,使问题迎刃而解。

## 三、对信访事件进行换位思考

换位思考还能让信访工作者认识到人民群众的事就是

自己的事,从而产生真正的重视问题、解决问题的动力,增强工作的主动性,提高工作效率。

换位思考的核心内容是权衡利益的问题,要真正做好信访工作,处理好信访事件,就要坚持人民利益第一的原则。我们党是善于从人民群众的利益来考虑问题的。战争时代,革命军队的"三大纪律八项注意"就是坚持人民利益第一原则的体现。党的领导同志也做出了以百姓之心为己心的表率,以减少信访工作的中间环节,起到了克服"踢皮球"及消除"人浮于事"等顽症的作用。同时,更全面地了解了信访动态,很多事情当场决定,指定专人办理,起到了及时化解矛盾的作用,群众有口皆碑,每到接待时间,现场人头攒动摩肩接踵,这是人民对公仆的肯定行动。管理者站在人民群众的角度,理解了人民群众,直接与某些管理者联系为解决困难采取行动,也对有关信访部门的工作是一个直接有力的督促和检查,当然颇受群众欢迎,效果也是良好的,把很多集体信访、越级信访都阻止在萌芽状态。应注意三点:第一,应把握信访者的切身利益,并据此思考管理者的相关管理行为是否合理。第二,应把握信访者的行为目标,并据此思考管理者的管理行为可做哪些合理改进。第三,应把握信访者的具体困难,并据此思考管理者能否予以根本解决。换位思考在实质上是一种转化矛盾的同一化行为,使矛盾主体的尖锐对立和异向不容,由一方做主体方向的主动调整,达到尽可能的兼容并进,由矛盾斥力转化为引力以协调成同向合力,达到一种相对平衡。这种方法只要把握的好对信访工作大有裨益。

## 四、及时处理才能从根本上化解矛盾

矛盾双方力量的消长有反复性和回归性,如果不做及时调整,矛盾极有可能回复到先前状态,甚至产生更加顽固的对立面,使事态恶化。

上访者都有一种焦躁的期待心理,希望尽快得到结果,如果信访事件得不到及时处理,很有可能使信访工作前功尽弃,导致重访。及时处理主要是指效率的问题和工作质量的问题。在查清事实做出结论后,就要高效率地落实,该移交的移交,并做好跟踪管理,必要时要催办督办。同时要做好群众的疏导和解释工作。及时处理应注意五点:第一,结论(处理决定)执行及时。第二,问题移交及时。第三,催办回复及时。第四,解释教育及时。第五,总结呈报及时。

集体信访关系人民群众的切身利益,关系社会的安定团结,是人民群众参与管理的表现,也是人民群众维护其自身利益的重要途径,具有鲜明的政治性。我们一定要高度重视,讲求工作效率,改进工作作风,在"快、准、实"上下功夫。总之,我们要善于化解人民内部矛盾,保持社会稳定,以利于人民群众安居乐业集中精力搞好经济建设。

(原载2004年3月《政策与研究》)

# 群众集体信访原因及建议

随着改革的不断深化,新的社会矛盾也不断产生,群众信访活动出现许多新情况。突出表现在集体上访数量大幅度上升,社会突发性群体事件明显增多,且逐年呈上升趋势。群众集体上访已成为影响社会稳定的重要因素之一。如何有效控制和正确处理群众集体上访,是摆在各级党委、政府面前的一个重大而急需解决的问题。

群众集体上访增多,是社会转型时期社会矛盾增多的反映,总体是属于人民内部矛盾,是表达群众意愿的一种方式。从积极意义上来说,它对于推动改革和发展中的一些热点、难点问题的解决,促进领导科学决策,克服官僚主义和腐败现象等社会阴暗面有一定作用,但其负面效应也很大,影响生产和正常的社会秩序,引发新的事端。目前,我国正处于社会转型时期,新的机制尚未健全,社会矛盾比较突出。随着改革的深入,旧体制遗留下的一些问题显现出来,成为群众集体上访的重大缘由。如在计划经济时期不被看重的荒地、山林、滩涂等现在已显出其价值,而这些荒地、山林历来界线不清,归界不明,这很大一部分为双方上访的热点。其次,部分基层领导干部不能正确认识和处理新时期人民内部矛盾,缺乏群众观念,办事情、想问题不从实际出发,不充分考虑群众利益,甚至为了一时的政绩,不惜牺牲群众利益;部分基层干部作风不正，干群关系紧张；有一些地方信访工作薄弱，不能认真、及时、有效地解决群众反映的问题；还有的地方领导对信访工作不重视，对制度不落实，对群众反映的问题不能及时妥善处理，致使矛盾激化，最后形成集体上访。

针对群众集体信访的成因和存在的问题，信访部门和各级领导应做好以下工作。一是把正确处理群众集体上访作为处理新时期人民内部矛盾维护社会稳定的大事来抓，真正实行信访工作领导责任制，特别是把处理集体上访工作提到各级党委、政府和各部门的重要工作日程上。二是要坚持排查和清除不安定因素，提前工作，把矛盾化解在初发状态。排查不安定因素要按照"谁主管，谁负责"的原则，实行领导包案，限期解决问题，化解社会矛盾并负责稳定群众。三是要区别情况，正确处理不同类型的矛盾。对群众集体上访，严格按照疏导的方法和思想教育与解决实际问题相结合的方法妥善处理。真正落实"分级负责，归口办理"的原则。谁家事谁家办，特别是各级直属部门，要各负其责。四是各级党委、政府和各级部门要增强群众观念，在拟定工作计划和制定政策措施时一定要从群众利益出发，要进一步加强基层信访，强化基层党委、政府对信访工作的领导职能。认真落实基层信访工作制度，加强基层信访部门的建设，严格实行信访工作责任追究制度，切实按逐级上访制度办事，有效地把群众上访问题解决在基层。

（原载2004年11月《党的建设》）

# 对妥善处理好群众集体上访工作的思考

近年来,在影响社会稳定的各种不安定因素中,群众集体上访成为重要因素之一。特别是在城镇拆迁、企业改制、征地补偿等方面,个别人在其利益受到损害且不能得到满足时,受人煽动挑唆,聚集数十人甚至上百人,围堵党政机关、交通要道和其他要害部门,采取过激手段,以求解决问题,造成恶劣影响。集体上访往往由于处置不当,引发群体性事件。因此,妥善处置集体上访是处理信访工作的重要课题。

## 一、要达成统一的共识

集体上访是大量的错综复杂的人民内部矛盾的集中表现。大多数是社会成员个体因为某种共同利益关系汇集在一起,以各种方式聚众反映群体的共同愿望,以期引起政府和社会的关注,从而获得共同利益。但往往由于事态的发展,加上个别别有用心的人从中挑拨离间、教唆诱导、出谋划策,导致群体行为超出法律允许的范围,容易造成违反法律、扰乱社会秩序的违法事件。统一战线是党团结一切可以团结的力量,夺取革命、建设和改革事业胜利的重要法宝,也是党执政兴国的法宝。在处置集体访事件的过程中,要充分发挥统一战线的法宝作用,牢牢把握问题本质,相信大多数、依靠大多数、争取大多数,最大限度建立解决集体访问题的统一战线。表面上看,上访群众与政府之间是一对矛盾。但任何矛盾都是对立统一的,关键要把握化解矛盾的积极因素,做好统一的工作,做好争取人心、凝聚力量的工作。首先要找到统一的突破口,即群众的合理诉求与政府职责的共同点。具体到每个人,情况不同,要求不同,统一的成分也就不同。这就需要区别不同个体进行分析、研究,寻找统一体,扩大共识的成分,与最多的个体形成统一战线,进而达到利益最大化、效果最大化、损失最小化的目的。

### 二、要沟通对立的成分

大多数集体上访尽管表现的非常激烈,社会影响也很大,当事人的要求过高,但大多具有合情合理的因素。对每个上访个体而言,诉求条件是应该的、是允许的,也是每个人的权力。信访工作中,要坚持以解决问题为核心,始终带着责任和感情,认真解决群众合理诉求,全力以赴推进"案结事了",最大限度增加和谐因素,最大限度减少不和谐因素。要换位思考,以理智、宽容、忍耐的态度,尊重上访者的权利,倾听他们的诉求,真诚去听,认真去听,用心去分析,用心去研判,带着上访人的问题研究政策、咨询法律、查找正确答案。然后对其动之以情、晓之以理、释之以法,做出负责任的解释和答复,经过一轮、两轮甚至多轮的沟通,最终达成一致意见。即使对极少数有过激行为或别有用心、有意挑起事端的人,也要注意场合,讲究策略,万不可在群众不明真相情绪激动时,采取强制手段解决问题。要始终尽力克制,不乱分寸,加强对话和沟通,这样最终赢得群众的理解和配合。

### 三、要坚持和谐的态度

从一定程度上讲,化解上访因素就是稳控,但稳控不是化解上访的主要因素。稳控需要一人一策,化解更需要一种态度。这种态度就是带着感情做好信访工作,不是干部说群众听,不是干部叫怎么做群众就怎么做,更不是简单地控制别人、限制别人。而是要通过和谐的接触和谐的方式,使其对干部产生信任,与干部交朋友,无话不谈,把干部当做依靠。要让群众不把干部当外人,首先干部要把群众当亲人。面对群众集体上访,领导不应当避而不见,也不应该回避问题,要直面群众,相信群众,与群众平等商量问题,真正地实实在在地解决几批问题,赢得民心。其次,说话要算数。群众集体上访提出的问题,无非是三种情况:一是能办,二是缓办,三是不办。办得了就说办得了,而且要尽快兑现;暂时有困难,就直说困难是什么;办不了就说办不了。绝对不能把确实能办又做出了承诺的事拖着不办,也不能因为迁就群众一时的情绪,硬着头皮不顾客观条件强行承诺。要与群众之间多联络感情。要挖掘上访者的社会关系,发挥这方面的资源优势,让他们当好干部与群众之间的桥梁和纽带,话让有关系的人去说,事让有关系的人去办,进而做好工作,解决问题。

### 四、要兑现自身的"欠账"

领导干部的素质高低,直接关系到群众性信访事件发生的多少。出现集体访的原因有多个方面,但从主观上看,我们的部分基层干部自身素质不过硬,政治觉悟和政策水平不高,有些干部确实存在违法违纪以及违法施政行为,这是引发群众上访的一个主要原因。排查化解不稳定因素,最主要的还是先排查干部自身对上访群众反映的问题有没有"欠账",欠的是什么。对待群众反映的问题,领导干部和一般工作人员都要扪心自问,查找在感情上、政策上、工作上、态度上、方法上有没有"欠账",如果有,要全部兑现给群众。兑现"欠账",关键要以群众的满意度为标准,切实改进我们的工作作风和领导作风。把发现问题、正视问题当作改进工作作风的"起点",把专心谋事、勇于任事当作改进工作作风的"重点",把增长本领、永葆本色,当作改进工作作风的"亮点",最终落实到把服务人民服务社会当作改进工作作风的"极点"。尽一切可能解决和协调好各方面的利益冲突和矛盾纠纷,最大限度地减少不和谐因素,使信访工作真正成为疏导社会矛盾、构建和谐社会的"安全阀"和"润滑剂"。

(原载2006年5月《办公厅工作》)

# 企业信访工作应采取的对策

新形势下,企业信访工作呈现出许多新特点,信访部门应不断改革工作方法,适时转变职能,切实做好工作。

## 一、转变观念,积极探索企业信访工作的新方法

做好新时期企业的信访工作,不但要增强改革开放意识,增强市场经济意识,同时要拓宽思路,改变传统的思维方式和工作模式。在服务主体上,把信访工作的指导思想真正转移到服从、服务于经济建设的轨道上来。在工作方式上,改变过去单纯靠行政干预解决问题的方法,依靠法律、法规来推动工作的开展。在衡量是非标准上,遵循"三个有利于"的根本标准。解放思想,用改革创新的精神来面对企业改革中出现的新情况、新问题,适应新的要求。

## 二、加强领导,形成企业信访工作新机制

企业改革过程中,企业领导仍然要树立全心全意为人民服务的思想,增强公仆意识,把信访工作做为自己工作的重要职责,加强对信访工作的领导,把信访工作纳入重要议事日程。主要领导负责,党政领导齐抓共管,充分发挥企业主要

领导在核心地位的作用,建立健全责任制,增强信访工作的权威性。企业领导定期亲自处理群众来信,接待群众来访,对涉及企业生存和群众普遍关心的信访问题不回避不推诿,就地化解矛盾,使问题在企业内部迅速得以解决。

### 三、加强教育,做好超前疏导工作

建立社会主义市场经济体系,是我国社会主义生产关系的重大变革,企业信访部门应积极向广大职工群众宣传企业转换经营机制的重大意义,帮助职工树立社会主义市场经济的新观念,以增强对改革的承受力。使职工群众真正明白,企业的改革并非改变企业的性质,也不会否定和取消工人阶级主人翁地位,而是为了更好地发展经济,提高职工生活水平。引导职工通对信访渠道参政议政,在解决职工关注的信访问题的同时,逐步把职工的注意力引导到关注企业的生存、为企业发展献计献策上来。

### 四、抓住"热点",解决带有普遍性的问题

在企业改革过程中,"热点"信访问题很多,诸如岗位竞争、人员录用、奖金分配等,这些"热点"问题不同于一般个人信访求决,它涉及面大,牵扯的很多,矛盾比较突出,往往通过集体上访的形式表现出来。企业领导干部和信访部门应随时注意职工的思想动态,对职工普遍关心的"热点"问题,必须引起高度重视,搞好调查研究,及时妥善地进行处理。在处理问题时充分发挥职代会的作用,凡涉及企业的重大问题,都应通过职代会充分讨论,广泛听取各方面的意见和建议。对涉及职工群众切身利益和群众关心的"热点"问题的处理,要增加透明度,紧紧团结群众力量处理和解决问题,从而确

保企业内部的安定团结,充分调动职工群众的积极性,加速企业的自我发展。

### 五、强化信息,为企业决策服务

在企业改革过程中,有许多问题需要解决,同时会出现许多新矛盾,企业领导和信访干部应该搞好信访信息的预测和预报,善于捕捉潜在的信访苗头,通过调查研究和对来信来访的筛选、收集,掌握一个时期带有普遍性、群众反应强烈的问题,了解企业内部职工的意见和建议,有针对性地做好工作。另外,要有快速反应能力,善于及时掌握信访信息。由于某些问题处理不当,群众不理解,职工群众的上访活动可能一触即发,企业领导和信访干部必须在群众的上访活动形成之前,掌握信息,主动介入,制定相应的办法和措施,做好稳定工作。同时,积极向上级反馈信息,为领导制定政策、改进工作提供科学依据。

### 六．夯实基础,认真实施逐级上访、分级受理制度

实施逐级上访、分级受理制度是企业信访工作的一项重要措施。企业的各级党政领导应提高认识,高度重视,把它作为加强信访工作的一项重要措施纳入工作议程,切实抓紧抓好。在企业改革过程中,应保留信访机构,配齐信访干部,加强各级信访组织建设,使实施这项制度在组织和人员上得到充分的保证,使职工群众有了问题在基层就有人接待,问题能够及时得到处理。推行逐级上访、分级受理制度,重点是按照"分级负责,归口办理"和"谁主管,谁负责"的信访工作原则,重视和加强基层信访工作,提高基层信访干部的政治和业务水平。同时,强化劳资、人事等管理部门

的信访意识，使他们明确自己应担负的责任，提高他们做好信访工作的自觉性。

**七、贯彻《信访条例》，使企业信访工作走上法制轨道**

《信访条例》是新中国成立以来第一部信访法规，它标志着信访工作从此走上法制轨道。企业信访部门应以这个条例的实施为契机，坚持依法办信访，正确处理各类信访问题，规范信访工作行为。按照《信访条例》的规定建立健全信访工作规章制度，尽职尽责，文明接待，提高办理信访问题的质量。加强各基层信访干部依法处理信访问题和化解矛盾就地稳定的能力，提高信访案件一次办结率。依据《信访条例》规范信访秩序，对那些无理取闹、聚众闹事、影响正常工作秩序的上访者，依据有关规定进行严肃处理，以维护企业正常的生产秩序。

在建立社会主义市场经济体制过程中，企业信访部门应积极转变职能，适应改革的需要，掌握企业信访工作的特点，研究新对策，为企业的改革和发展创造良好的环境。

（原载 2003 年 8 月《办公厅工作》）

# 对企业改革中信访工作的几点思考

党的十四届三中全会的《决定》构建了社会主义市场经济体制框架,并明确提出建立现代企业制度的要求。围绕产业结构和企业组织结构的调整,逐步分流企业富余人员和企业办社会的职能,职工原有的利益格局被打破,涉及职工固有的思想观念和眼前利益的变革而引发的矛盾和冲突,必将通过信访等形式反映出来。笔者认为,如何在这种新形势下做好企业信访工作,已成为当前待研究和解决的新问题,本文对此进行探讨。

## 一、充分认识新形势下信访工作的变化和特点

随着市场经济的逐步建立与发展,信访工作的内容、形式、任务等已呈现出如下时代特征。

1.从信访工作指导思想看,已由过去单一的为党的政治工作服务转向以经济建设为中心,服从、服务于经济建设上来。因此,新形势下,企业信访工作必须遵循以经济建设为中心的指导思想,把工作重心转移到为建立现代企业制度服务上来,向企业生产、经营活动贴近靠拢,为企业进入市场竞争发挥作用。具体实践中,一要优先处理。把那些对发展市场经济建立现代企业制度有直接或重大影响的群众信访问题,对企业转轨变型、经济上新台阶有秘策良方的意见和建——对企业经

济活动中出现的以权谋私、贪污受贿等消极腐败行为的检举，对企业进入市场竞争中的经济关系、劳动关系、分配关系等方面遇到的新情况、新问题放在首要位置，优先处理重点解决。二要超前投入。即主动采集信访信息，密切注意企业中不同利益群体对改革措施的理性理解和心理上、经济上的承受能力，在职工思想与企业改革重大举措发生"撞击"之前，超前"投入"，捕捉"热点"，掌握"动向"，及时"预报"，迅速反馈，以便在信访成因未形成信访行为之前，实事求是地解疑释惑，认真及时地修订、充实、完善新的方案，形成"预防"的合力，把问题消灭在萌芽之中。

2.从信访内容上看，反映新形势下现实问题和群众参政议政的信访所占比例呈上升趋势。原因有以下两点：(1)建立社会主义市场经济体制是社会主义生产关系的一次重大变革。在这场变革中，一些产品结构不合理、成本高、效益差的企业，产品积压、资金紧张，生产难以继续，有的面临破产，职工待业，发不出工资，危及到了职工群众的切身利益，由此而产生的矛盾、冲突和问题是目前企业信访的主要内容。(2)随着企业改革的深入和职工忧患意识、主人翁意识、参政议政意识的逐步增强，特别是企业进入市场竞争，职工群众希望自己的聪明才智有一个充分发挥展示的机会，把注意力自觉地转移到企业兴衰成败上来，围绕企业改革、生产、经营、管理、安全、效益等重大问题主动参与，积极向企业领导和有关部门献计献策，在企业两个文明建设中发挥巨大的作用。例如，某矿在工程技术人员和职工中开展的"我为矿山献一计"的活动，就收到了上千条合理化建议，对企业深化改革、提高效益、强化管理起到了积极的推动作用，收到了显著的效果。

3.从信访形式看，多样化、多渠道、多层次、全方位的信访工作已经形成。一方面信访工作已由单一的信访部门坐门待客向多部门、多形式的参与信访工作转变。为适应新形式的要求，各地区、部门、企业、单位纷纷建立和采取了领导接访日、领导信箱、热线投诉电话、信访专邮、定期下访、现场办信访、联合办案、综合治理等制度方法，为党和政府联系群众架设了更多的桥梁。另一方面，群众信访活动已由单一的写信来访向多渠道、多层次、多样化转变。群众有了问题随时随地都可以根据个人意见采取不同的方式进行信访活动，随着电话、通讯事业的迅速发展，也为群众信访活动开辟了新的渠道。目前，各地及有关部门都设立了投诉电话、热线电话，群众通过电话反映问题已成为重要的信访形式。还由于人们社会交往增多，交通、通讯便捷，信息沟通快，改革中涉及群体利益的问题又较多，因此，客观上又为群众集体上访、派代表上访、联名写信上访等群体信访活动提供了便利条件。

4.从信访工作标准看，已从长期形成的按红头文件办事的"定式"转向以"三个有利于"为运用、衡量和掌握政策的根本标准。社会主义市场经济属于初创阶段，在不断深化发展中，一些不适应新形势的政策法规会有所突破，具体政策法规中的某些内容可能会明显地不适应客观实际需要，新的政策、法律、法规还不能及时配套，容易出现"断层""滞后"和"空白区"，使信访问题的处理缺少依据。如：企业富余人员的安置和社会保障，三资企业劳资和经济合同纠纷，企业扩大再生产征用土地、拆迁、补偿、安置，企业三项制度改革利益再分配，私人承包集体国有企业，价格、税收政策的调整，职工住房、公费医疗改革等触及群众切身利益的问题都将给信访工作增大难度。因此，信访部门要把"三个有利于"的根本标准作为掌握和执行政策法规的总依据，从实际出发，处理好原则性与灵活性的关系，防止教条地搬用政策条文，适时地掌握好灵活变通的"度"。用全局的观念正确处理政策界限与现实问题的矛盾，用发展的眼光去观察、思考、分析和处理市场经济中出现的新情况、新矛盾、新问题。

5.从信访部门的职能看，向综合性职能部门发展。过去，信访部门只是单纯的秘书型办事部门,主要任务就是收发、接待、受理群众信访问题。随着形式的变化,信访部门的职能也在发生变化,已由单纯的办事部门转向以秘书办事、参谋咨询、监督协调和宣传教育于一身的综合性职能部门。这些特殊职能也是由新时期信访活动的客观性所决定的,例如:信访行为的复杂性,信访内容的广泛性,信访方式的灵活性,信访者期盼的多层性,信访工作的艰巨性等等,都从客观上要求信访部门成为综合性职能部门,以更加积极有效地履行上述各项职能,适应形势发展的需要。

## 二、积极探讨新形势下发挥信访工作作用的对策

在建立社会主义市场经济体制过程中,信访工作中出现了一些新情况、新问题、新特点。因此,信访工作从总体上要有新思路,具体操作上要有新举措,当前要做好以下几点。

1.更新观念,树立为社会主义市场经济服务的意识。更新即转变,信访工作的更新观念,就是解放思想、摆脱在计划经济体制下形成的传统观念和思维方式,冲破陈旧的"条条""框框"的束缚和妨碍市场经济建立与发展的各种不正确思想的禁锢。在扬弃过去传统观念的基础上,调整信访工作的思路,逐步树立起与新形势相适应的新观念、战略信访工作观念、主动信访工作观念、全局信访工作观念、重教治本的观念、参与监督的观念、创新发展的观念等等。其目的就在于形成一个各级领导重视信访工作、各信访部门主动做好信访工作、各相关部门积极配合信访工作真抓实干的新格局,从而逐步加大信访工作为市场经济服务的力度、广度和深度。

2.发挥作用,增强为社会主义市场经济服务的效能。一是强化稳定作用。党的十四届五中全会提出"改革发展、稳定"是全党工作的总方针。而稳定是前提,是基础,是压倒一切的。如

果企业职工队伍不稳定,企业的改革、发展就无从谈起。为此,必须发挥信访工作特有的稳定机制作用,把工作重点放在调整职工由利益变化带来的心理和观念的冲突上,把职工的思想情绪向正确方向引导,力求从信访源头上开渠放水,化解矛盾,变消极因素为积极因素,为增强企业的市场竞争能力创造一个安定、宽松、和谐的良好环境。二是强化参谋助手作用。信访活动是人民群众向党和政府反映情况的重要渠道,也是党和政府了解社情民意进行科学决策的重要渠道。在发展市场经济中,企业信访部门更要发挥自身的优势,针对各个不同时期的重点、热点、难点问题进行专题调研,认真梳理,综合分析,把深层次有价值的信访信息迅速反馈给各级领导机关,为企业改革措施出台的时机和力度提供必要的参数,为领导科学决策当好参谋和助手,充分发挥"第二政研室"的作用。三是强化监督作用。信访监督是党和国家整个监督体系的一个重要组成部分,充分发挥信访监督职能也是对与腐败斗争来说最有效的途径。当前,企业正在转换经营机制,旧的体制还没有废止,新的政策和制度还不断出台,市场经济使企业对外接触的途径更广泛,权力更大,这些势必会诱发一些不正之风和腐败现象,这些问题如得不到及时有效的处理和遏制,就会干扰和阻碍企业改革的发展。因此,首先要广开信访言路,开设各种形式的举报设施,认真处理群众投诉和举报的每一个问题,做到件件有着落、事事有结果,从而激励群众的监督意识。其次,要畅通信访渠道,注重监督效果。与党内监督、行政监督、职代会监督、司法监督、舆论监督等加强联系,协调配合,真正形成一个多视角、多层次、纵横交错的全方位监督网络,为惩腐倡廉发挥监督系统的整体效能。四是强化综合协调作用。目前,在大量的群众来信来访中,跨地区、跨部门、跨行业、跨单位的问题越来越多,矛盾交织,涉及面广,内容复杂,处理难度较大,信访部门不是执法部门,不是权力机构,因此,在处理这类信访问题时，必须发挥信访部门的综合协调作用，积极与上下左右多方联系，疏通各个环节求得理解和共识，形成合力，促使问题得以尽快解决，避免"推、拖、顶、压"而造成的矛盾激化。五是强化政策咨询作用。建立社会主义市场经济和现代企业制度是职工群众从未接触过的新事物，因此，对这一阶段所产生的新情况、新政策有一个认识、理解、接受和执行的过程，人们对许多一时还弄不懂的问题，必然会通过信访渠道反映上来。这就要求信访部门开展政策咨询业务，利用这个渠道向人民群众宣传政策，讲解政策，领导、理顺群众情绪，教育引导群众严格按政策法律办事，使信访部门不仅仅起到"消防队"的作用，更重要的是起到"防疫站"的作用。

3.强化自身，提高为社会主义市场经济服务的本领。做好市场经济条件下的信访工作，必须加强各级信访部门和广大信访干部的自身建设，达到政治强、纪律严、作风硬、效率高、质量优、本领强的标准，为此，应做到以下几点。一是各级信访部门要加强业务指导，运用各种方法，为信访干部创造提高素质的条件。例如：通过举办形势政策讲座、开办培训班、组织业务考察等方式，提高信访干部的政策水平；通过召开座谈会、研讨会、经验交流会等方式，提高信访干部的理论水平；通过检查、评比、现场办公等方式交任务、压担子、促进基层信访工作登台阶、上水平。二是广大信访干部对自身要高标准，严要求，树立一丝不苟的敬业精神，努力熟悉与信访相关的各项工作，系统学习政治、经济、政策、法律等有关知识，不断丰富和拓宽知识领域，增强应变能力。三是制定信访工作目标，健全信访工作网络，完善各项工作制度，实现信访工作的制度化、规范化、科学化。四是在实践中不断总结、悉心探索信访工作的新内容、新领域、新路子，在创新中有效地发挥信访工作为市场经济服务的作用。

（原载2004年2月《办公厅工作》）

# 对社区信访工作的思考

城市社区是党和政府联系城市基层居民群众的桥梁和纽带,是城市社会稳定的基础环节。如何做好社区信访工作,充分发挥街道社区"管理、协调、服务"的职能,整合社会各职能部门的管理资源,为改革发展和社会稳定服务。这是新时期做好这项工作应该思考的问题。

## 一、当前社区信访工作的主要特点

当前社区日益增多的矛盾纠纷主要表现为以下几点。一是纠纷的触发点多。(1)纠纷多发性。由于人们的价值取向、思想观念、生活方式的变化,利益分配导致矛盾触发点增多。(2)纠纷冲突性。许多纠纷由于不能得到及时正确的对待和处理而造成激化,形成重大事端。(3)纠纷广泛性。随着市场经济的发展,各种利益冲突日渐增多,矛盾纠纷已从过去的家庭、邻里之间扩展到经济、文化等其他领域。如民间借贷、城镇经济合同、债权债务等方面的纠纷。又如企业改革中涉及用工、社会保障、社区物业管理而产生的纠纷也越来越多,且不易及时解决。二是纠纷的主体多元化。有居民之间,居民与商户之间,商户与商户之间,商户与单位之间,单位与单位之间等多种表现形式。三是各种矛盾交织。疑难复合性纠纷呈逐年上升趋势,该类纠纷往往涉及民事、经济、行政多种因素,需要几个部门共同调解处理,给信访工作增加了难度。四是冲突的激烈性、群体性。由于下岗直接影响到职工的切身利益,当个人反映无效时,利益关系一致的职工就以群体行为的形式发出呼吁,向政府或企业发泄情绪,并形成群体上访。

## 二、做好社区信访工作的主要措施

针对当前社区出现的矛盾纠纷的新特点,应结合实际,本着"属地管理"和"立足基层,排查解决"的原则,充分发挥街道和社区稳控化解信访问题的第一道防线的作用,大力加强社区信访民意调查网络建设,以排查各类隐患和苗头为切入点,调动信访、民意调查、纠纷排查、综合治理等各方面力量,整合社会各职能部门的管理、协调和服务资源,为社会稳定服务。要积极探索,建立社区信访工作"五层信访网络体系十联合办会"机制,即在区、区直部门、乡街道办、村(居)民小组、(楼)院,构筑五层信访案件排查、调解处理、化解责任机制,由区委、区政府主要领导主持,涉案领导和部门参加,形成全区齐抓共管、协调联运、分组负责、归口办理的信访工作机制。

1.加强基层信访组织建设。健全基层信访组织是街道社区化解信访隐患的一个重要前提。要按照"哪里需要哪里建"的原则,不断加强基层信访组织的规范化建设,消除信访组织建设的空白点。除街道建立的信访组织外,在社区内的大型集贸市场,驻区企事业单位,外来人口聚集地建立、发展信访组织,将信访触角延伸到社区的各个角落。根据新时期人民内部矛盾的多样性、突发性、复杂性的特点,街道办事处要进一步加强信访队伍建设,采取正规培训、以会代训等方式提高信访人员的法律水平和政策水平。同时积极拓宽信访人员选拔渠道,将群众推选和社会招聘结合起来,使信访干部队伍逐步走向专业化、年轻化。

2.加强基层民调组织建设。民调组织是化解矛盾纠纷的第一防线,要不断调整充实人员,健全制度,使调解组织网络化。调解工作规范化、经常化,是及时排除已经发生和即将发生的纠纷保持稳定所必须采取和经常坚持的一项重要措施。因此,要加强民调组织建设,要把调解工作的基本要求、工作原则、调解程序、工作纪律、调解范围等内容印成《民调工作手册》,发放到每个调解员手中,进一步提高民调人员素质,更好地做好民调工作。

3.加强社区精神文明建设。从社区受理的信访问题来看,许多问题往往是群众有怨言,或人与人之间的关系不和睦而产生的。这些问题如果长期拖延下去,会酿成比较棘手的信访问题。但有些问题可以加强日常沟通而使之化解于无形。特别是在当前人们的心理压力、生活压力较大的情况下,活跃社区的文化生活,提倡尊老爱幼的社会风气,建立良好的邻里关系,规范社区居民的文明行为,对理顺群众情绪,减少不必要的信访问题的发生具有立竿见影的效果。

4.发挥街道的独特优势,一手抓服务、一手抓协调,减少信访形成因素。街道办事处、居委会,是做好社区信访工作的核心力量,重点从以下几个方面开展工作。一是深入基层倾听群众呼声,体察群众情绪,对涉及群众利益的事,要一件一件地去落实。一时解决不了的,要认真做好说服教育工作。要经常分析街道社区的新情况,善于发现苗头和倾向性问题,有针对性地制定工作预案,把问题解决在萌芽状态。二是积极组织社区居民开展各种互帮互助活动,组织社区志愿者开展社区服务和社区援助活动,既解决群众的问题,也促进社区居民形成亲和力,优化社区内的人文环境。三是充分发挥街道办事处和居委会的管理、协调和服务的综合优势,调动社区内各个单位，各个组织的居民家庭的力量，实现优势互补，解决信访问题。四是逐步建立全社区内信访工作网络，将信访工作的触角延伸到居委会和各个楼栋、院，做到随时发现问题，使问题及时得到反映和解决。

5.大力实施再就业工程。"民以食为天"，农民以土地为生，而城市居民以就业为本。实施再就业工程，安排下岗职工再就业，是社区服务的一部分，应该把扩大就业当作重点，这样对缓解就业压力，维护社会稳定，推动经济增长，将产生不可估量的影响。

## 三、关于做好社区信访工作的几点思考

**思考之一**

要积极构筑社区"大信访，大民调"的工作新格局。信访工作涉及社会的方方面面，信访工作的好坏，直接反映地区党委、政府的执政能力和领导执政水平，应充分发挥信访部门在信访工作中的带头地位作用，发挥街道社区"管理、协调、服务"的职能，整合社会职能部门的综合管理资源，为社会发展稳定服务。一是要把社区信访工作纳入党政领导的重要议事日程，增强领导统领社区信访和民调工作的主动性。坚持"一岗双责""双向规范"原则，把社区信访和民调工作纳入领导干部政绩考核内容。二是要增强部门参与的积极性。民政、国土、信访、工、青、妇等部门在发挥职能作用的同时，配合做好社区信访和民调工作，特别是公、检、法、司等都要积极参与，形成强大的工作合力。三是要加强信访网络建设，以信访隐患苗头排查为切入点，使原信访工作薄弱的社区、辖区企事业单位的信访网络健全起来，做到一般矛盾不出村（居），较大矛盾不出乡（镇）办事处，重大矛盾不出县（区）。

**思考之二**

要充实和加强街道社区的力量。"上面千条线，基层一根针"，党和国家的方针、政策最终要落实到基层，要靠基层党组织落实。街道和社区之上的各级组织和部门多达几十个，工作压力较大，而基层的干部一人身兼数项工作，对每一项事务都要亲自去做。因此，面对基层承担的社会工作量，应加强充实基层工作的力量。

**思考之三**

要不断壮大和发展社区经济，建立和谐的新社区。

（原载2006年10月《办公厅工作》）

# 农村群众集体信访问题的思考

认真分析当前农村群众集体上访、越级访的成因,研究对策,妥善处理,消除不稳定因素,化解农村社会矛盾,安定民心,为深化改革和发展经济创造一个稳定的社会环境,是当前我们面临的一个重要信访课题。

**一、正确分析农村群众集体访、越级访的原因**
**　　找出其规律,化解其矛盾**

集体上访主要反映的问题:

(1)基层乡镇少数党员干部为政不廉,个别村干部借职务之便侵占、挪用、挥霍公款,造成集体经济严重亏空外债累累,这不仅使集体经济遭受到严重损失,而且伤害了群众感情,群众对此十分不满,便造成集体上访和越级上访。

(2)个别基层干部工作方法简单粗暴,个别村干部自身素质不高,政治水平低,不善于做群众思想工作,不会处理工作中的问题,只习惯依赖行政命令,甚至采用抓人、罚款、动用警力等强制性措施,造成群众逆反心理,人为地造成上访问题复杂化,使一些本可以在基层及时得到解决的矛盾最终演化成集体访或越级访。

(3)多数村民切身利益受到侵害,如干部在村机动地调地、修建项目和村集体企业及土地承包过程中以权谋私,收受贿赂,偏亲向友,为此群众反映强烈,也是引起群众集体上访、越级上访的一个重要原因。

(4)一些基层组织对初信初访问题解决不彻底,引发集体上访和越级上访。某些基层组织对群众初次上访反映的问题重视不够,甚至还有的基层干部在思想上存在"好人不告状,告状无好人"的错误思想,因此,对来访群众态度冷淡,语言生硬,特别是对那些说话犀利、要求过高的群众缺乏耐心,对他们反映的问题调查不及时,解决不彻底,群众对基层解决问题失去了信心,便采取了集体上访或越级上访的办法寻求解决问题的途径。

## 二、找出原因、认真剖析事由,控制和解决农村群众来信访、越级访

控制和有效解决群众集体访和越级访,关键在基层,要认真做好四方面的工作。

(1)落实领导责任。各级领导要亲自包案,针对农村群众集体访的人多势众,有些问题不能当场回答,要耐心做好思想工作,主要领导要亲自参与处理,直到问题解决。对那些刚发现的农村集体访和越级访的苗头,要随时向领导汇报,以便使领导重视,在集体访、越级访形成时及时组织力量,采取措施进行解决。

(2)认真接待农村上访群众。一封联名信,一次集体访,无论三五人还是上百人,都是有组织的,因此集体信访一旦发生,一定要认真研究是谁组织的。要耐心听取他们的意见,表明态度,晓之以理,增进沟通和了解,以便使案件得到及时顺利地解决。同时,热情地为上访者排忧解难,对上访者提出的合理要求,要积极提出方案,尽快解决。属于要求过高或无理取闹的,要做细致的思想政治工作,正确疏导教育,对有过激越轨行为明显触犯了法律的,可依法处理。

(3)抓督办、查处到位,就地化解,认真搞好群众集体上访的工作。在查处信访案件过程中,要努力做到"三到位"。一

是调查到位,弄清事实真相与主要情节,注意听取证人意见,做到不偏听偏信,澄清问题。在调查阶段让上访代表直接参与查证,续行公开办案,这样有利于上访者了解处理信访问题的全过程。二是处理到位。处理意见及时向领导汇报,做到定性准确,处理恰当。三是善后工作要到位。针对查处的问题,及时总结经验教训,做好稳定工作,坚决避免农村群众集体上访和越级上访,全力维护农村社会稳定工作。

(4)不折不扣落实好党的农村各项政策。改革开放的实践证明,新时期党在农村的方针政策是正确的,是符合最广大人民利益的。为此要认真贯彻党的方针政策,必须严格把握两点,一是传达贯彻要全面具体,二是执行政策要坚持原则,不搞随意变调。同时要不断加强农村基层干部队伍建设,不断加强推进村级民主政治建设,从而加快农村经济的发展,促进农村社会的稳定,实现经济社会协调发展。

(原载2004年6月《办公厅工作》)

# 浅析如何正确处理越级上访

越级上访,通常指信访人未向依法有权作出处理决定的有关党政机关提出信访事项而越一级或几级机构反映问题的上访行为。当然也有对职能部门处理答复不满意而上访的,不属此限。越级上访既增加了老百姓往返之苦和经济负担,也影响正常信访秩序、社会秩序和上级领导机关的工作秩序,产生不良影响。现就接访工作中的体会谈谈越级上访形成的原因及正确处理越级上访的思路。

## 一、形成越级上访的原因

1.工作方法简单。少数基层领导和信访干部对群众态度生硬,没有深刻领会政策精神,不能循循善诱地向群众摆事实、讲道理,让其心服口服,而是以高人一等的姿态训斥群众,导致群众不满意而越级上访。特别是少数村、组干部,工作方法简单,作风粗暴,不关心村民的疾苦,凡事不与群众商量,我行我素;在处理国家、集体和个人利益问题时,不是宣传政策,解决群众实际困难,而是把责任往上推,使得问题越积越多,群众的成见也就越来越深,处理难度也就越来越大,引发群众越级上访。

2.未正确对待老访户问题。有关部门对上访人反映的问题采取回避态度,置之不理,该解决的没解决,该疏导解释的没有做过细致的思想工作,使上访人投诉无门。

3. 案件涉及部门多。有关部门未协调好,互相推诿,以致拖延时间使问题悬而未决。

4. 基层不正之风所致。一些企业干部以权谋私、办事不公,加上企业又长期亏损、资不抵债,导致破产或转让等,职工下岗了,企业发不出工资,最后成为越级上访的导火线。农村基层村、组干部,选举中弄虚作假,承包中徇私舞弊,村务管理混乱,工作中假公济私,生活上挥霍浪费,包庇亲友违反计生规定,还有的农村基层干部非法占用土地等问题,使得群众不信任基层领导或组织而越级上访。

5. 对逐级上访制度执行监督不力。一部分越级上访是因下级错位处理有错误,甚至置之不理而引起的。一些单位仍未依照逐级上访规定执行,怕被抓住把柄,不愿给上访群众出具答复意见书,有的推诿搪塞。农村中极个别的村组干部、党员甚至参与集体越级上访或在背后怂恿支持,使得本来能解决的问题,反而闹大了,形成集体上访,上级部门没有切实可行的监督机制。

6. 上访者本身的原因。有的上访者认为"会哭的孩子有奶吃",想通过上访获利;有的上访者认为找的领导越大问题就会越快解决;有的上访者认为议论自由,去哪反映问题看自己的兴趣。

7. 有一些老访户,已经妥善处理其问题却仍坚持过高要求和无理要求而越级上访。

8. 上访者不适应市场经济变化。国有中小型企业推出新举措,对部分扭亏无望的企业实行关停并转、减员增效,不可避免地出现大量下岗人员。职工认为经济发展了反而丢了饭碗,对此表示不理解,频频上访。有的对把产权转让给外商不理解,企业员工成群越级上访,情绪激动。

## 二、减少越级上访的思路和对策

实行逐级上访后,基层信访工作加强,大量的信访问题经过基层组织和信访部门的努力,得到恰当、及时、妥善地处理,党的决策和各项改革措施也在基层得到落实。但通过以上分析,越级上访在一定程度上仍然存在,是当前信访工作的新课题,现从以下几方面谈一些思路和对策。

1.强化基层信访工作,层层建立责任制。成立、调整、充实市、区(县)、街(镇)三级信访工作领导小组,由党政主要领导任正副组长,亲自抓信访。领导重视了,信访工作有人管,具体工作才有人做。各级各部门应做到信访工作有办事机构,群众上访有固定接待场所,反映问题有专人接待处理,形成上下衔接的信访工作网络。实行信访工作目标管理,层层建立责任制。明确各级信访部门职责,除接待处理日常信访外,要收集和掌握社情信息,对可能出现的重大信访案件做出准确预测,提前介入并及时上报,预防越级上访的发生。

2.加强作风建设,提高干部素质。随着社会主义民主法制的健全,上访人文化素质和法制意识增强,基层信访干部要把重点放在学习法律法规和信访业务上,不断提高自身素质,努力提高学法用法和运用政策的水平。各级领导干部要多"下访",主动了解群众的呼声。

3.规范逐级上访制度,加大宣传监督力度。要向上访人宣传有关政策法规,引导逐级上访;最初有权处理单位对群众反映的问题应按时限要求处理;当事人若对原单位处理意见不服的,上级部门应及时组织复查。

4.建立群体性过激性越级上访应急处理网络,实行督查通报制度。各单位配齐配好上访接待人员,过激的越级上访,立即通知有关部门共同做工作,及时分流,迅速处理,不留尾巴,决不能因处理草率再次引发重复上访和越级上访。处理结果应在一周内向上级党政和信访部门报告。督查人员要勤下基层,加强督办,并了解真实情况。同时每月对此类信访问题的处理情况实行通报制度和专人负责制,督促限期处理。

5.转变择业观念,实施再就业工程。国有企业改革是当前经济体制改革的重点,要广泛宣传、教育广大职工,充分发挥企业、劳动者和社会各方面的积极性,有关部门要为再就业工程多做工作。规范下岗,培训下岗职工,鼓励竞争上岗,做好思想工作。对那些下岗后自发组织创办经济实体又安排其它下岗人员再就业的带头人,各方面都要给予关心和支持。要落实吸收下岗职工的优惠政策,鼓励下岗职工到非公有制经济或第三产业就业,鼓励下岗职工自谋职业及社会各方面积极筹集解困和再就业资金等,保障下岗职工的基本生活。

6.对涉及多个部门的信访问题,实行联合办案制度。建立特殊信访问题联席会议制度,目的是及时研究疑难或特殊信访问题,提出解决问题的思路和各单位相互配合的措施,及时化解矛盾。对越级上访重点户,由各级党政领导分工包案负责,多方协调处理。要强化信访部门对信访问题的协调职能,特别对各区、各部门互相扯皮互相推诿的信访问题,信访部门应及时裁定受理部门,明确受理职责,使问题得到及时处理。提倡信访部门与律师、法院、仲裁机构配合协作,及时化解各类社会矛盾,减少办案环节及群众申诉和等待的时间,充分运用法律顾问制度最大限度地为人民群众服务。

7.设立救助基金,制定社会救助条例。集中管理,应急使用,使社会应急救助活动走向正常化轨道。对遇到困难的外来人员给予及时帮助,也能减少此类集体越级上访的发生。

(原载2004年3月《办公厅工作》)

# 对群众重复赴省进京上访问题的调查

近年来,群众重复赴省进京上访呈上升趋势,如何加大对此项工作的领导力度,积极化解种类矛盾,维护社会稳定,已成为各级党委、政府和信访部门待研究解决的重要课题。要积极稳妥地解决好这个问题,就需要坚持以科学发展观为指导,在思想上高度重视,明确责任,及早化解矛盾,切实维护社会稳定。

## 一、群众重复上访现状及特点

1.信访老户多,信访频率加快。数据分析表明,重复赴省进京上访人员,两年以上老户较多,上访反映问题相对集中。除传统的书信、电话、电子邮件等快速递交的信访形式外,直接走访形式明显增多,有的上访老户一个月进京上访达两次之多。行为上,为了引起相关部门的重视,择机上访、施压心理明显,在非正常地点打标语、喊口号、静坐、拦车等过激行为时有发生。

2.行为偏激联名上访人数增多。少数信访老户在极度膨胀的私欲驱使下,要求越来越高。因其利益的一致性,往往采取串联上访,有组织、有方案,研究对策、传递信息、相互通气,重复赴省进京,反复上访。

3.反映的问题复杂,处理难度大。群众反映的问题既有历史遗留问题,也有在体制改革过程中产生的新情况、新问题,尤其是一部分矛盾问题年度长、跨度大、领域多、部门广,情况错综复杂,处理难度较大。

## 二、主要原因

1.历史和政策方面的原因。如有些文革历史遗留问题、计划经济向市场经济转轨过程中因利益调整而引发的矛盾问题、土地征用不同时期补偿政策差异问题等等,极少数人及其家属不能正确对待,不能正视现实,对党的政策不理解,不顾大局,只顾个人利益,要求党和政府给予精神赔偿和经济补偿,把简单的问题复杂化,长期上访。

2.对初信初访不够重视。一些部门对初信初访不重视,不认真,处理敷衍武断,使一些本该解决的问题久拖不决,或处理不及时、不彻底,造成重复上访。

3.部门之间职责不清,界线不明,对信访疑难问题处理不果断。有些信访问题的处理涉及几个部门,部门之间互相推诿,互相踢皮球,都不愿负责到底,对应该共同处理的信访问题,采取一推二拖三不管的不负责态度,从而使信访者多次重复上访。

4.法制不够健全和一些群众的法制观念淡薄。一是在执法过程中,由于管理不善,监督失缺,有法不依、执法不严的现象仍然存在于人们的生活中,个别执法人员办人情案、关系案的问题仍然没有得到很好的解决。有的司法干部由于能力和责任心不强等原因,导致办案质量不高,出现了定性不准、量刑不当等问题。二是由于这样那样的原因,部分民事案件和刑事附带民事案件执行比较困难。三是个别当事人法律观念淡薄,对法院二审终结的案件发生质疑。上述这些,也是诱发群众重复进京上访的重要原因。

5.信访人心理不平衡。有的信访老户缺乏政策、法律知识，与人盲目攀比，心理不平衡；还有的信访老户由于特殊生活环境和生活经历，思想包袱重，自尊心受到伤害，进而形成超负荷的心理压力，在信访活动中越陷越深，不能自拔而多次越级重复上访。

## 三、对策及建议

1.进一步加大信访工作领导责任制的落实。一是党政一把手要切实肩负起信访工作第一责任人的重担，对重大信访案件和重特大集体上访案件，主要领导要亲自过问，亲临现场，负责指挥和协调，分管领导要按照"一岗双责"的要求，事必躬亲，具体抓好职责范围内的信访稳定工作，这既是对主要领导重视信访稳定工作程度的检查，又可起到"上行下效"的示范作用，促使同级领导和下级干部增强工作责任心和政治责任感。二要进一步坚持和完善领导下访和坚持领导接待日制度，树立稳定压倒一切的思想。三要加大对信访工作责任制落实情况的检查，把信访工作纳入干部政绩考核内容，加大责任追究力度。四要坚持领导包案处理重要信访问题。对一些重复上访的疑难的重要信访案件，采取领导包案终身制，谁包案谁负责稳定，包一件落实一件，真正把信访工作领导责任制落实到实处。

2.转变观念，重新明确上访老户的稳控责任主体。对信访老户的处理，我们的一贯做法是稳控以属地为主以化解责任单位为辅。实践证明，这种管人与管事相分离的做法，既起不到很好的稳控效果，又不利于问题的解决。其原因有两点：一方面稳控责任单位认为问题不是自身造成的，要达到稳控必须化解单位尽其责，因而在"稳"字上下的功夫不够，出现了稳而不控或者是控而不好的现象;另一方面化解责任单位认为稳控是稳控责任单位的事,进不进京重访与自己的关系不大,因而对化解矛盾、解决问题责任心不强,导致问题一拖再拖,长期不能解决。要消除这种状况,必须改变过去的工作模式,将稳定工作变为以化解责任单位为主以属地为辅,把稳控工作和化解工作紧密挂钩,从而增强责任主体的责任心和紧迫感,这样不但可以大大降低稳定工作的社会成本,而且可以使问题得以及早解决,使稳定工作真正落实到实处。

3.加强基层干部作风建设,从源头上加大处理初信初访的力度。要真正减少信访和重复上访,基层是关键,而基层的领导又是关键的关键。群众上访的源头80%来自基层,当基层把控不好源头关,不能有效的处理解决好群众初信初访中反应的问题,群众就会对基层干部失去信心而越级上访或重复上访。因而,我们要把基层干部的思想作风建设作为一项基础性工作抓好夯实。以提高服务水平,增强事业心,加强对他们的政治思想教育,以提高工作能力和执法水平,加强对他们的业务知识和法律法规的培训。要把那些政治敏锐性强和工作责任心强、善做群众工作、会做群众工作的干部充实到信访工作的第一线,要充分利用基层干部的地缘人缘亲缘等各种社会优势,力求把矛盾和问题有效地解决在信访源头。

4.深入实际,制定切实可行的政策。三十多年改革开放,我国的经济发展和社会进步都取得了举世瞩目的成就,综合国力显著增强,国际地位日益提高,人民生活明显改善。但是,一些地方与行业的发展与全国总体发展水平还有一定的差距,有的差距还相当大,生产生活面临极大困难,这是社会不稳定的一个因素。如在农村征地、城市拆迁和企业改制中,由于监督机制缺失和政策滞后等原因,致使少数群众不理解、不支持这些工作,一些所谓"钉子户""上访老户"由此而生。建议各级政府在集中精力搞发展的同时,还要加大依法治国的力度,建立健全各行业中的党风廉政监督机制,完善监督体系。综合经济社会的发展,及时制定符合实际的政策,通过科学决策、政策调整,使弱势群体、困难群体能够享受到改革的成果。

5.抓回访,主动做好落实和善后工作。首先要跟踪调查,认真落实好有关领导当面接待时承诺答复的事项。对于应解决的问题,当地街镇和有关部门必须认真按照领导的承诺答复,及时协调,尽快落实,取信于民,并将落实情况及时反馈。其次是主动回访,虚心听取群众的意见和要求,发现有可能再出现的苗头,及早采取有效措施,把问题彻底解决在萌芽期。

6.进一步规范信访秩序,依法处理信访问题。依法信访是做好信访工作的重要前提。一方面,各级领导和信访干部要把依法行政的理念贯穿于信访工作的全过程;另一方面要进一步增强公民的法制意识,加强法制宣传活动,尤其是加强《信访条例》等与群众生产生活息息相关的法律法规知识的学习和教育,提高群众守法的自觉性,依法信访,化解社会矛盾,保证社会持续和谐稳定发展。

(原载2009年8月《调查与研究》)

# 浅谈逐级上访

推行群众逐级上访制度是贯彻落实《信访条例》的一项重要工作,对进一步畅通信访渠道,密切党和政府与人民群众的联系,增强受理部门的责任心,及时、就地解决群众的上访问题,减少群众越级上访、集体上访和重复上访,保障上访人的合法权益,改善信访工作秩序,维护社会稳定,起到了积极作用。推行逐级上访制度,有力地促进了"分级负责,归口办理"这一信访工作原则的落实,是新时期信访工作形势发展的需要,是信访活动制度化、法规划、规范化的重要途径。本文从推行过程中存在的问题,以及如何进一步完善推行这个制度等方面做出初步探讨。

## 一、推行逐级上访制度是信访形势发展的需要

1.改善上访秩序,是规范上访人行为的迫切要求。近几年来,随着各项改革的日益深入,社会上的热点问题及不安定因素日益增多,信访总量、集体上访呈上升势头,给信访工作增加了新的难度。群众越级上访、集体上访总量的上升,尤其是少数上访群众采取的过激越轨行为,严重影响了社会的稳定,也耗费了各级领导的许多精力。维护正常的信访工作秩序,已成为信访工作的难点和重点。虽然每年都下决心整

顿一番,但收效甚微。因为不管是什么原因造成的问题,不管是哪一级处理的事,上访人都要找领导,认为官越大越能解决问题,大闹大解决,小闹小解决,不闹不解决。达不到目的就拦截公务车辆,围攻领导;有的身披白布,跪地不起;有的甚至冲进会议场所,严重的干扰了机关正常的工作秩序,造成社会不良影响,成为危害社会稳定的突出问题。为此,对上访人的行为做了带有强制力的约束,但上访人只要自认为有道理,还是采取各种方式,到处上访。因此,推行逐级上访制度从程序上规范了上访人的行为,从根本上减少了盲目上访、越级上访,从制度上解决了上访秩序混乱的问题。没有健康有序的上访环境,难以发挥信访工作在维护社会稳定中的作用。

2.强化信访工作,是促使信访工作规范化的必然趋势。一是受理信访问题的随意性,是造成部分上访人盲目上访、越级上访的重要原因。一些部门或单位对上访人所反映的属于自己管辖权限的信访问题采取推诿、拖拉的态度,对应该解决而且能够立即解决的问题不马上给予解决,对不能解决的问题不愿向上访人做动之以情晓之以理、耐心细致的思想政治工作,有意将矛盾和困难推给上级,利用上访人给上级施加压力,推脱自己责任。有的甚至刺激上访人有本事到上一级机构上访,对自身的职责更是严重不负责任,造成有权处理的单位不直接处理问题,上一级单位又不便于直接处理或处理不好,只好层层照转,贻误时机,增加解决问题的环节和难度,使上访者饱受往返奔波之苦,消耗不必要的人力、物力和财力。二是增强信访工作责任感,有助于大量信访问题及时、妥善、就地解决。信访工作是党和政府的一项重要政治工作,在新的历史时期担负着重大的使命,有着维护大局稳定社会的作用。信访工作又是一项经常性的群众工作,是党和政府联系群众的桥梁和纽带,具有其他部门不能替代的作用。信访工作还是集纳群众智慧、接受民主监督、促进经济发展、推动廉政建设的工作。所有这些，都要求我们要不断改进和完善信访工作制度和工作方法，以适应信访形势发展的需要。推行群众逐级上访制度，把信访工作纳入规范化、法制化轨道，不仅要求上访人要依法逐级地进行上访活动，而且要求责任归属部门或单位以及符合有关规定应予受理的上一级机构要履行职责，增强解决问题的责任感，要认真审议上访人提出的意见和要求，妥善、就地解决问题，在指定期限内给予答复，并提供处理意见的书面材料，即《上访答复意见书》。一方面，上访人没有责任归属部门或单位提供的《上访答复意见书》，上一级机构可不予受理；另一方面，也可督促责任归属部门或单位认真审慎地处理，提出经得起推敲和审查的意见。

## 二、推行逐级上访制度是信访工作自身改革的需要

随着改革开放和经济建设的不断深入，社会主义民主与法制建设的进一步完善，信访工作本身的内容、形式也发生了深刻的变化，无论是外部还是内部，都要求信访工作必须有章可循、有法可依。推行逐级上访制度是改革信访工作，把信访工作纳入法制化、规范化轨道的一项新举措，认识和体会有以下几方面。

1.信访工作在自身建设方面取得了很大的发展。各地在机构改革中加强对信访工作的三级网络建设，配齐、配强信访干部。随着社会主义法制的进一步建立和完善，信访部门在抓程序规范、建章立制方面做了大量的工作。《信访条例》的颁布和实施，标志着信访工作走上了法制化、规范化的道路；岗位目标责任制的实行，有效地促使各部门增加了责任感和使命感。通过不断的学习，提高自身的政治素养和业务

素质,提高依法做好信访工作的水平。

2.明确职能,落实责任制。推行逐级上访制度是"分级负责,归口办理"信访工作原则的具体化。一方面,群众的上访意识增加了,知道自己的问题应向哪个责任归属部门或单位上访反映,减少了盲目上访、越级上访;另一方面,责任归属部门或单位对受理的再访问题明确了职责,提高了办事效率,使大量的信访问题及时、妥善、就地得到解决。为进一步贯彻《信访条例》,规范信访工作程序,明确各级信访部门和职能部门所受理的信访范围,增强信访工作的透明度,方便群众上访及维护群众的合法权益,明确了各级各部门受理的职责范围,增强了责任感,提高了办事能力,提高了党和政府的威信。

3.加强监督机制,互相制约,互相促进。责任归属部门或单位处理群众的上访问题,处理意见要与上访人见面,首先要受到上访人检验。处理满意了,上访人息诉息访;如上访人对处理意见有异议,要给其出具《上访答复意见书》,上访人可持《上访答复意见书》在30日内到上一级机构上访,处理意见又要受到上一级机构的审查检验。这样,责任归属部门或单位处理的上访问题,既要受上访人的检验,又要受上级机构的检验。上级机构中有业务部门,也有党政机关,形成了一个上下左右互相配合、互相支持而又互相制约、互相监督的工作机制,再加上推行逐级上访制度后,建立与之相配套的追究责任制度,可以有效地杜绝处理问题不负责任的官僚主义、本位主义现象。

## 三、推行逐级上访制度存在的一些主要问题

推行逐级上访制度毕竟是一项新的工作,诚然,在推行过程中取得了显著的成效。但由于各方面的原因,还存在着

下述不足之处。

1.各地认识有高低,工作进展不平衡。有的同志对待该制度存有疑虑,担心会堵塞群众言路,不利于信访渠道的畅通,因而积极性受到影响。

2.有些地方的制度和办法与法规不配套、不同步,缺乏有效的监督制约机制,或虽有制度和办法,但落实不够有力。

3.有的基层信访工作力量薄弱,与所负重任不相适应。一些基层部门怕麻烦,怕被抓"把柄",不愿给上访人出具《上访答复意见书》,或草率行事,不负责任等。

## 四、进一步完善逐级上访制度的几点建议

针对推行逐级上访制度中存在的问题,为坚持依法信访,进一步完善、巩固这个制度,我们要做好以下几项工作。

1.进一步宣传贯彻《信访条例》,把推行逐级上访制度工作引向深入。实施《信访条例》,推行逐级上访时间短、有待完善。要广泛深入地开展多层次、全方位的宣传贯彻《信访条例》,采取召开会议、下发文件和宣传提纲等方式,通过广播电视、墙报宣传栏、街头咨询、宣传队流动车等形式,大张旗鼓地进行宣传,力求做到推行逐级上访制度家喻户晓,人人皆知,引导群众逐级上访,为群众自觉依法逐级上访打好基础。

2.妥善处理群众上访反映的问题,把控制集体上访、越级上访作为推行逐级上访制度的工作重点。集体上访特别是集体越级上访是当前群众信访中最突出的问题,它的形成涉及许多深层次的矛盾,有很强的社会共性。除了体制转换过程中的客观原因外,不能否认在很大程度上与有关地方、有关部门思想认识、工作偏差有直接的关系。当前,反映企业亏损拖欠工资、下岗人员再就业,反映城市建设、拆迁安置,反

映农村干部作风等方面的问题占有很大的比例。群众集体上访影响大,不利于社会安定,甚至会被某些别有用心的人所利用,导致其发展成为恶性事件。《信访条例》第12条规定:"多人反映共同意见、建议和要求的,一般应采用书信、电话等形式提出;需要采用走访形式的,应当推选代表提出,代表人数不得超过5人。"这说明了党和政府对群众集体上访是很重视的,规范了办法,要控制集体上访、越级上访,特别是越级上访制度,对控制集体上访要做到党政领导对集体上访承担责任的制度。各级党委、政府领导对自己管辖范围内的集体上访负总责,各有关部门要加强责任感,做到早介入、早解决,早稳定。对群众合理要求的,要尽快解决;对过高要求的,要做好说服解释工作,在有可能的情况下,想办法给予解决。只有这样,群众才能安定,上访才能终了。否则,群众上访,特别是集体重复上访一次,矛盾就激化一次,每越一级,给社会带来的不利影响就增加一分。所以对集体上访、越级上访应予以充分的重视,才能及时有效使之得到控制和化解,才能确保逐级上访制度的顺利实行。

3.加强基层信访工作,提高信访干部素质,是推行逐级上访制度的重要保证。基层是信访的源头和做好群众依法信访工作的起点。基层信访工作抓得如何,直接关系信访问题能否得到及时、就地的解决,因此,必须夯实基层的信访工作,提高信访干部的素质。只有这样,才能处理好群众的集体上访工作,为顺利推行逐级上访制度提供重要保证。加强基层信访工作,首先是基层领导要重视信访工作,把信访纳入日常工作议程,有针对性地提出工作措施,把问题解决在基层,将群众稳定在当地。其次,要设立与工作任务相适应的信访工作机构,保证渠道畅通,做到信访工作有人做,信访问题有人管。第三,要努力提高信访干部素质。要把信访工作做好,需要领导同志的重视,也要依靠全体信访战线上的同志们的高度责任感。信访干部要自强、自立、自信、自爱,要树立全心全意为人民服务的思想,积极主动开展工作。要认真学习和贯彻《信访条例》,刻苦钻研信访业务,提高依法做好信访工作的水平,保证"分级负责,归口办理"信访工作原则的落实,促进信访工作的开展,把信访工作纳入法制化、规范化轨道,保证逐级上访制度的顺利推行,以适应新的形势需要。

逐级上访制度,在推行过程中,也会遇到这样那样的问题,我们有理由相信,有全社会的配合和支持,各级各部门的能力协作,再加上推行过程中的不断探索、不断总结经验,这项制度将得到完善和发展。

(原载2004年6月《办公厅工作》)

# 对当前涉法涉诉信访问题的思考

近年来,随着我国改革开放进程的不断推进,各种改革措施的不断出台,社会利益格局的不断调整,一些深层次的社会矛盾逐渐通过信访渠道显露出来。同时,在群众上访特别是进京非正常上访中反映涉法涉诉问题比较突出,上访群众经常到重要场所、敏感区域聚焦,不仅干扰了各级党政机关正常的工作秩序,而且成为影响社会稳定的重要因素之一。如何解决好涉法涉诉信访问题,已成为各级党委政府和信访部门认真研究的工作。在学习实践科学发展观活动中,从研究解决问题入手,对影响稳定的涉法涉诉信访问题进行了调查研究,力求了解掌握当前涉法涉诉信访的总体形势,分析产生涉法涉诉信访问题的原因,查找制约解决涉法涉诉信访问题的症结,提出解决涉法涉诉信访问题和稳控涉法涉诉信访问题的对策建议。

## 一、涉法涉诉信访工作面临的形势

近年来,涉法涉诉进京非正常上访较多。各地反映涉法涉诉信访问题的进京上访人员身穿状衣、头系白布带,串联集体到中纪委机关上访,又到中组部、中央政法委等中央国家机关上访并形成愈演愈烈之势。这一严峻态势,引起各级政法部门的重视,不断落实工作措施,普遍开展了公、检、法信访接待日制度,认真组织、排查、化解涉法涉诉信访突出问题,集中开展处理涉法涉诉信访问题攻坚战,解决了一大批疑难信访问题,有效维护了人民群众的合法权益,遏制了涉法涉诉信访问题的高发势头,使涉法涉诉信访问题得到控制。但是,涉法涉诉信访形势仍较为严峻。就近年来的涉法涉诉信访情况分析,主要呈下述特点。

1.是涉法涉诉信访问题居高不下,越级上访增幅较大。近年来,涉法涉诉信访数量大幅上升,一直在高位运行。据统计,在涉法涉诉信访问题居高不下的同时,还呈现出越级上访增幅较大的特点,特别是赴省进京上访老户不断增多,呈现"倒金字塔"型,中央、省上多,地方少,基层更少。

2.是持续时间长、重复上访突出。上访时间长、重复次数多是涉法涉诉上访的突出表现。有的上访达数年、十几年,形成上访老户,有的进京上访老户一个月内到北京有关部门登记二十几次;有的老户长年在北京以拾荒为生,每天到中央、国家有关部门登记一次。这些上访表现形式占上访问题的50%。

3.是择机上访明显,非正常访突出。每逢党委、政府换届、国家重大政治活动、重要会事、国庆元旦等重要节日,均是信访老户择机上访的集中阶段。一些上访人趁机越级来省赴京上访,有的在机关门前静坐,有的冲进会议场所,有的跑到领导住地等等,意图扩大影响,向党委、政府施压。一些上访人为达到个人目的,以各种手段制造并扩大影响。有的到外国使领馆"告洋状",有的到天安门、中南海附近等非正常上访场所制造事端,有的下跪、哭诉,有的静坐、示威,有的拉横幅、穿状衣,有的拦截领导车辆、围攻工作人员,严重干扰正常的工作秩序;还有的以自杀、跳楼、爆炸等手段相威胁,直接影响社会大局的稳定。

## 二、涉法涉诉信访问题形成的原因

认真客观分析、正确认识涉法涉诉信访问题,有助于把握涉法涉诉信访问题的规律,增强工作的主动性和针对性。从调研情况分析,引发涉法涉诉信访问题的原因是多方面的,既有体制、机制上的原因,也有事涉单位和政法部门工作上的原因,同时也反映了人民群众日益增长的司法需求和司法功能相对滞后之间的矛盾。

1.社会经济发展过程必然带来社会矛盾凸显。由于当前政治经济体制改革力度不断加大,经济社会较快发展,在整体上提高了人民群众的生活水平,但转型期的经济体制,不可避免地造成收入分配上的差距加大,群众的收入期望与现实的差距加大,相互之间的利益冲突不断,人民内部矛盾凸显。随着老工业基地调整、改造和新农村建设的不断深入,历史包袱及积累的矛盾不断呈现。在企业改制过程中,由于企业破产、兼并重组不规范,导致侵害职工利益的现象频发,因拖欠职工工资、欠缴养老金、医疗保险、随意解除劳动合同、强迫买断工龄引发的劳动争议案件不断上升。房地产开发中的强迁、补偿不到位、回迁不及时、回迁房质量不合格、配套设施不齐全等造成的矛盾不断发生。这些问题如处置不当,很容易激化矛盾,引发群众上访。

2.群众对通过司法程序解决社会矛盾的需求日益增加,引发的矛盾是涉法涉诉上访问题大量发生。据统计,涉法涉诉上访问题约60%涉及审判机关,约10%涉及公安机关,其余部分涉及检察机关。近几年,各级审判机关受理案件的数量大幅度上升。人民法院作为国家的审判机关,具有最终裁决权,处在平息矛盾纠纷、维护公平正义的前沿,备受社会各界关注。特别是涉及企业改制、破产重组、土地征占和房屋拆迁等矛盾纠纷,通过诉讼渠道很难处理。保护了一方,另一方不服,必然引发上访。有的诉讼按规定应当受到保护,但法院判决后进入执行程序却普遍存在执行难问题。有的属于行政机关应当解决的矛盾由于其不作为而引发的涉法涉诉信访问题。

3.办案效率不高和"执行难""申诉难"引发上访不断。某些案件因客观原因一时难以结案,使当事人来回奔波,产生对法院不信任及抵触情绪,便希望通过上访来引起上级的重视,达到其目的。"执行难"突出表现为地方保护主义、部门保护主义、个人权力滥用等,使当事人的权益一时难以"兑现",加之执行队伍造成的消极执行、违法执行等执行乱问题也时有发生,导致群众上访不断。"申诉难"主要是由于现行法律对申诉规定无限制,导致当事人无限申诉与法院启动再审程序受法律严格控制相互矛盾,加大了法律处理申诉复查案件工作的难度,导致当事人缠访缠诉甚至越级上访不断。

4.上访人法律意识淡薄,提出过高无理要求。由于法制教育普及率不够,针对性不强,使得公民的法律意识比较淡薄,特别是风险意识、依法保护自身权益意识差,发生矛盾纠纷不考虑自身原因,而要求司法机关必须保护其诉求。有些人只要法院判决对自己不利,就认为司法不公。还有的人认为"法院收了诉讼费,就应当为自己办事",不遵守规定不履行义务。有的上访人想通过上访达到其不合理要求,狮子大张口,动辄数十万,有的甚至提出上千万元的诉求。有的上访人已经得到补偿,签了息访协议,又反悔上访,提出更高要求。据调查,上访人普遍存在"大闹大解决、小闹小解决、不闹不解决"的错误心理,只要不满足其要求,就赴京上访,有的甚至采取一些过激行为。

5.涉事单位对信访工作重视不够,稳控责任不落实。一些单位领导信访工作责任制没有得到落实,有的领导包案,不愿亲自接访、听取意见,不掌握案情,拿不出切实可行的息访措施和办法。一些地方把对涉法涉诉信访当事人的稳控工作看作是政法部门的事情,对于已经确定的无理上访,也认为是自己份外的事,稳控措施不落实,造成上访人反复上访。一些上访人明知进京上访只登记,不解决问题,但他们却认为登记后就要排序、就要通报,事涉地就有压力,领导就会重视,其诉求就能解决。在社会稳定的大前提下,司法机关在重大节日和重要会事期间花费了大量人力、财力做涉诉上访老户的稳定工作,虽然取得了比较明显的效果,但这并不是长久之计。

## 三、解决涉法涉诉信访问题的对策和建议

涉法涉诉信访问题的成因复杂,解决难度大,不仅是司法问题,同时也已成为社会问题。解决涉法涉诉信访问题不仅需要司法部门的不懈努力,同时也需要社会各方面的大力支持。

1.提高认识。涉法涉诉信访是司法机关工作的重要组成部门,是一项事关全局的重要工作。要教育从事信访工作的司法干部充分强化政治意识、大局意识、服务意识,增强其使命感和责任感。要树立正确的权力观和公仆意识,摆正与人民群众的关系,让群众气有处出、冤有处诉、理有处摆。要进一步提高司法水平,注重法官审判能力建设。把服判息诉作为衡量和评判办案质量、司法人员素质和工作实际的重要标准。强化司法能力建设,把化解矛盾纠纷、促进社会和谐能力作为重要内容,努力提高广大司法人员准确把握矛盾纠纷性质、特点的政策水平。强化诉讼调解工作,把司法调解贯穿于司法活动全过程,全面加强立案调解、庭前调解、庭上调解和判前调解,最大限度地发挥司法调解在定纷止争、案结事了、促进和谐方面的特殊作用。

2.进一步加大解决问题的力度,在"案结事了""事要解决"上下功夫。认真落实"公正司法,一心为民"的指导方针,全力做好稳控息诉工作。对初访人员,坚持落实好首问负责制,按照"案结事了""事要解决"的要求,千方百计将问题化解于萌芽状态,防止初访变重访。对申诉有理的上访案件,坚持有错必纠、限期解决,做到问题不查清不放过、错误不纠正不放过、上访不停止不放过、责任不追究不放过。对申诉虽无理但属于"情理之中,法度之外"的问题,在做好说服教育工作的同时,采取国家赔偿、行政救济、社会援助、设立信访专项求助资金等多种方法,尽力帮助他们解决实际困难。

3.齐抓共管,形成合力,在综合治理上下功夫。在各级党委政府的统一指导下,注意发挥司法部门和有关部门、社会各方面的联动优势,建立健全多元化解矛盾纠纷处理机制。进一步加强乡镇(街道)司法调解组织建设,加强司法调解与人民调解的衔接。注意发挥社会团体、行业协会、人大代表、政协委员、新闻媒体记者等专业人士的作用,积极配合法院做好调解工……加强司法调解与行政调解及仲裁调解的衔接,注重发挥行政裁决和加强司法调解与案外调解的作用,推行律师代理当事人进行庭外和解的做法,采取有效措施,做好审判前的基础工作。

4.加大依法治访力度,切实维护正常信访秩序。进一步加大对《信访条例》《中华人民共和国治安处罚法》等法律法规的宣传力度,教育群众增加法制观念,既要依法维护权益,又要依法履行义务,引导群众依法上访,有序上访,自觉维护信访秩序。对无理缠访、违法闹访的上访人员,政法、公安、信访等有关部门密切配合,注意搜集证据,坚决依法严肃处理,决不能姑息迁就,教育引导上访人员依法理性表达诉求,切实维护正常信访秩序,促进社会和谐稳定发展。

(原载2009年9月《调查与研究》)

# 对建立和完善基层信访稳定工作长效机制的思考

县、乡镇信访稳定工作在整个信访工作层级体系中处于基层,在和谐社会建设中发挥着不可替代的作用。为此,必须认真贯彻落实科学发展观,建立长效机制,充分发挥县乡基层信访稳定作用努力营造大信访工作的格局,为维护社会稳定,合力构建和谐社会做出积极的贡献。

## 一、以科学发展观为统领,建立和完善源头预防机制

1.坚持科学民主决策制度。立足全局、立足长远,对涉及群众利益的重大决策,要通过听证、座谈、走访等形式,广泛听取群众意见,充分尊重群众意愿,认真做好调查研究工作,坚持不能兼顾各方利益的政策不出台,与民争利的政策不出台,配套措施跟不上的政策不出台,从源头上避免因决策失误、政策制定不当引发的信访稳定问题。

2.建立健全帮困解难机制。着力解决民生问题,认真抓好各项惠民政策的宣传解释和贯彻落实工作,避免因群众误解和执行政策走样引发信访问题。对生产生活确有困难的上访群众,采取政府救济、社会求助、民间互助相结合等办法,积极帮扶,解决其实际困难。

3.完善矛盾纠纷排查机制。切实加强矛盾纠纷排查化解

工作,立足抓早、抓小、抓苗头,把工作重心从事后处理转移到事前防范上来,从被动应对群众来信来访转移到主动化解矛盾纠纷上来,坚持经常排查与集中排查、普遍排查与重点排查相结合,及时掌握动向,早做预防,对各类矛盾纠纷切实做到发现得早、化解得了、控制得住、处理得好,努力将问题解决在基层和萌芽状态。

**二、以畅通信访渠道为重点,建立和完善群众诉求表达机制。**

按照公开便民的原则,畅通信访渠道,确保群众表达诉求有地方、情况反映有回音。

1.完善领导接待日制度。建立各级领导干部接访、下访、约访长效机制,落实县乡两级领导公开接待日制度,让上访群众见到想见的人,说出想说的话,最大限度地安抚群众情绪,解决问题,化解矛盾。

2.完善社会力量参与制度。建立政府主导、社会参与的信访工作机制,综合运用政治、经济、行政的优势和法律手段,采取咨询、教育、协调、调解、听证等办法,依法、及时、合理的处理上访人的投诉请求。

3.完善基层信访网络建设。建立"区县—乡镇—村居"上下五通的信访工作网络,做到层层有信访机构、有接待场所、有专职人员、有工作标准和工作制度。同时,继续加强电子信箱、投诉电话、网上办信等信访信息系统建设,确保信访渠道畅通,为群众就地信访提供最大便利,努力做到小事不出乡镇,大事不出区县,将问题解决在基层,将矛盾化解在当地。

4.推行信访代理和领访制。在村(社区)推行信访代理员制度。选择素质好、威信高、热心为群众办事的人成为信访代理员,代替群众按程序到有关单位反映基层解决不了的信访问题将结果反馈给上访人。在乡镇、县级部门推行领访制度,对上访人因本级处理不服的,由干部领访代表到下级机关咨询政策,促使息诉从而预防和控制群众盲目到省市进京正常上访。

### 三、以"事要解决"为核心,建立和完善问题处理机制

信访稳定工作的核心任务是化解矛盾纠纷、维护社会稳定。化解矛盾纠纷的关键在于解决信访问题,为此,必须着力于"事要解决",减少信访存量、防止信访增量、降低信访问题,不断改善党群干群关系,促进社会和谐稳定。

1.加强初信初访办理。及时解决问题,切实推行首办负责制,对上级交办和本单位受理的初信初访及时调查处理,书面答复信访人,避免重复信访和由信转访,力争将问题解决在初始阶段。

2.坚持领导包案,处理重点突出问题。认真落实领导包案责任制度,对一些重点突出的信访问题,按照"一个问题、一名领导、一套班子、一个方案、一抓到底"的要求落实领导包案制度。实行包调查、包处理、包稳控的"三包"责任制,对所包案件,领导要亲自挂帅,组织查处,限时化解,及时稳控。

3.完善联席会议制度,综合协调处理重大复杂问题。进一步完善县乡联席会议制度,定期召开联席会议,研究信访稳定问题。本着"不发新案,化解老案,及时彻底,不留隐患"的原则,对信访突出问题实施集中处理。对一些跨领域、跨行业的重大复杂问题,要充分发挥联席会议的带头协调作用,进行集体研究,统一会诊,使问题得到及时妥善解决。

4.建立信访稳定基金,处理特殊疑难问题。对群众越级访、重复上访、非正常上访客观分析,科学应对,坚持解决问题和安

抚情绪双管齐下。对一些"法度之外,情理之中"的信访突出问题和确有困难的群众实施救助帮扶,真正做到案结事了,息诉停访。

5.强化督查督办,确保问题按时解决。加强对重点地区、重点领域、重点部门、重点问题的督查督办工作。信访部门要充分运用《信访条例》赋予的职责职能,进一步规范督查运行程序,落实工作责任,把信访工作重点从简单的办信接访转到督查督办上来。采取事前督查、跟踪督查、事后督查等方法,及时督促有关处理信访问题的责任主体积极履行职责,有效解决群众的信访诉求,减少"推、拖、顶、踢"现象。

**四、以规范秩序为目标,建立和完善依法信访机制**

以建立"畅通、有序、务实、高效"的信访新秩序为目标,依法行政,规范信访行为。

1.依法规范接访干部职务行为。全面推行"阳光办信,诚信接访",能当面解答和处理的,当场予以解答处理;不能当面解答处理的,要落实承办单位和承办人并限期解决。切实做到接待群众热心、思想疏导耐心、解决问题诚心。

2.依法规范信访工作程序。各级各部门要根据《信访条例》的规定,按照"受理环节要畅通,办理环节要快捷,管理环节要科学"的要求,建立规范化的信访工作程序,使各责任主体在职责范围内,认真履职,按时办结。

3.依法规范群众信访行为。积极宣传信访政策法规,认真抓好舆论导向,教育引导群众依法有序上访。对信访活动中出现的违规、无序、过激的行为,要依照《信访条例》进行劝阻教育;对极少数无视劝阻教育,违反法律法规,围堵冲击党政机关,殴打工作人员,阻断交通,借上访之名扰乱社会秩序,妨害公共安全的人,要坚决及时依法处置。

## 五、以提高能力为根本,建立和完善信访保障机制

基层信访工作处在维护社会稳定的第一线,位于化解和调解处理矛盾的前沿,必须从增强干部队伍素质入手,提高基层化解矛盾纠纷的能力。

1.加强基层执政能力建设。提高形势预判能力,时刻保持政治敏锐性,善于从工作的薄弱环节中发现问题,从苗头现象里察觉倾向性;提高应变能力,面对突发事件,处变不惊,亲临一线控制局面,善于整合各种力量,运用各种手段,协调各方关系,形成合力,化解矛盾。

2.加强信访部门自身建设。进一步强化县级信访部门职能,科学设置内设机构,提高工作效率;在矛盾突出的重点部门设立信访维稳机构,落实专门工作人员;乡镇建立综治、信访、司法、公安、安监"五位一体"运行机制,村社建立综合、信访、司法、治保、安防、人民调解"六位一体"运行机制,保障信访维稳部门工作经费,将各级维稳工作办公经费和处理案件业务经费列入财政预算,并建立增量机制。

3.加强信访干部队伍建设。进一步完善基层信访干部业务培训制度、干部上挂下派制度、信访督查员制度。高度重视信访干部的培养、使用和交流,对具备提拔条件的信访干部,委以重任;对年龄较大、身体较弱的信访干部妥善安排。信访部门的成员工作到一定时期后,要予以适当调整,使年龄结构、知识结构等更加合理,使干部队伍更具活力。

## 六、以目标管理为手段,建立和完善责任追究机制

做好基层信访稳定工作,关键在于领导。要进一步加强目标管理,落实领导责任,形成重责任、抓落实的良好氛围。

1.健全信访稳定工作领导责任体系。党委、政府要把信

访工作列入重要议事日程，不断完善党政主要领导负总责、分管领导具体抓、其他领导"一岗双责"，一级抓一级、层层抓落实的领导责任体系，切实做到职责明确，责任到人。

2.加强信访稳定工作目标管理。健全考核评价制度，把信访工作纳入党委、政府的目标管理范围，与平安建设同部署、同落实、同检查、同考核。对因思想不重视、措施不落实，导致辖区矛盾高发，影响安全稳定的，实行一票否决。

3.落实信访稳定工作责任追究制。从责任追究入手，强化责任主体的责任，使各部门、各单位、各级领导和工作人员人人有责任、人人有压力，自觉履行职责，严格按照有关规定严肃追究责任。

（原载2009年5月《甘肃工作》）

# 浅谈构建大信访工作格局的现实意义

构建大信访工作格局是历史的必然、时代的要求、群众的呼唤,是新形势下提高信访工作层次和水平的有效途径和现实选择,也是今后信访工作的一项长期任务。在构建大信访工作格局方面,有以下几点意义。

1.构建大信访工作格局,是国务院《信访条例》的法定内容。国务院《信访条例》是指导和规范新时期信访工作的重要法规,明确提出:"县级以上人民政府应当建立统一领导、部门协调、统筹兼顾、标本兼治、各负其责、齐抓共管的信访工作格局。"这是在科学总结信访工作规律,结合当前信访实际的基础上提出的一条重要原则,为信访工作的发展指明了方向,提出了要求。我们构建大信访工作格局,是贯彻落实《信访条例》的题中应有之义,是《信访条例》赋予的一项硬性任务。在新《信访条例》规定的框架内,切实做好信访工作,不断提高工作水平,就必须重视和研究构建大信访工作格局问题。

2.构建大信访工作格局,是加强信访工作的重要举措。全国信访局长会议明确提出,要大力推动大信访工作格局的形成,大信访工作格局是信访工作成功实践的经验总结,符合我国的国情,符合信访工作的实际,各地区各部门应结合实际抓好落实,并在实践中不断加以完善。国家信访局局长王学军同志在甘肃调研时也明确指出,要把贯彻《信访条例》引向深入,不断探索建立长效机制,必须继续抓好五个重点,即抓好大信访工作格局的构建、抓好基层基础工作、抓好成功经验的总结推广。构建大信访工作格局被摆在首位,其重要性由此可见。

3.构建大信访工作格局,是信访工作自身发展的客观要求。信访工作是一个系统工程,信访问题是经济社会发展的综合反映,是社会稳定的"晴雨表",涉及经济和社会的方方面面。解决信访问题,往往需要各级党委、政府尤其是多个部门的密切配合、相互协作,仅靠信访部门本身是不行的,仅靠哪一级政府或哪一个部门来解决,有时也难以让群众满意。在法治步伐不断加快的新形势下,解决信访问题必须坚持依法行政、依法办理,这对信访工作制度化、规范化、系统化都提出了新的更高的要求。构建一个统一领导、部门协调、齐抓共管、规范有序、运转高效的大信访工作格局,已经成为信访工作发展的迫切要求。根据中央要求建立了处理信访突出问题联席会议制度,形成了处理信访突出问题的工作架构;省信访局建立了人民来访接待中心,省级有关部门选派专门人员常驻中心参与值班接访工作,初步构建了省级大信访工作的格局;各省辖市及其所辖县(市、区)也都建立了类似的处理信访突出问题的工作网络。但是从目前运转的情况来看,普遍存在的问题是,工作架构还不够完善,配套制度还不够健全,协同运转还不够规范,这些都有待于我们继续探索、积累经验、不断提高。

4.构建大信访工作格局,是广大人民群众的共同愿望。信访工作涉及范围较广,关联部门比较多。群众反映问题、表达诉求往往涉及多个部门,如果群众遇到问题都要挨个部门去走访,费时费力费钱,必然会产生怨言。人民群众十分希望各级党委、政府本着便民利民的原则,为其提供"一站式""一条龙""一揽子"的信访服务,这为我们构建大信访工作格局提供了较好的群众基础。构建大信访工作格局,不仅是群众的共同愿望,也是各级政府的重要责任。我们不仅要建设法治的政府、廉洁的政府,更要建设高效的政府、务实的政府、为民的政府。构建大信访工作格局,就是满足群众愿望、维护群众利益的重要体现,同时也为政府联系群众、了解群众、服务群众拓宽了渠道、增加了手段、提高了效率。信访部门作为各级党委、政府的组成部门,更应该把构建大信访工作格局作为一条便民利民、服务群众的新措施,从全局着眼、摆正位置,从细节着手、抓紧抓实。

(原载2009年3月《甘肃风采》)

# 浅议做好信访信息工作

古人云,"政之所兴,在顺民心,政之所废,在逆民心""为政之要在于安民,安民之道在于察其疾苦"。随着改革开放的深入,面对不断出现的新情况、新问题,如何及时、准确地让决策者把握社会脉搏、洞察民间心声,以便协调上下左右、化解种类矛盾、强化管理机制、作出科学决策等,已成为信访部门工作的一个重要课题。本文就如何做好信访信息工作的经验做一个初步的总结。

## 一、提高思想认识,确定奋斗目标

现代社会是信息社会,切实重视和开发利用具有广泛性、社会性、直接性、灵敏性、群众性等特点的信访信息,是实施《宪法》规定的"一切国家机关和国家工作人员必须依靠人民的支持,经常保持同人民的密切联系,倾听人民的意见和建议,接受人民的监督,努力为人民服务"的一项重要措施。基于这一思想认识,要做好以下几点。

1.完善岗位责任,把信访信息工作作为各个科室的一项重要任务,常抓不懈。

2.实施目标管理,确定信访信息工作的任务、指标、要求和考评办法,并年年补充完善,让工作计划、目标日趋科学合理,进行有效的量化管理。

3.加大信息工作的比重,使其约占工作总量的3%左右;把定期讲评与随时通报结合起来,尽可能缩小实际工作与计划目标的差距,力争全面超额并保质保量地完成计划指标。

## 二、紧密围绕中心,注重信息实效

信息的价值在于实际效果的大小,实效的大小在于能否优质高效地服从和服务于党的中心工作。为此,就得扣紧"三个环节",把握"四性问题",力求"四字目标"。

1.扣紧"三个环节",实现信息价值。"三个环节"即筛选编发、督查协调和审核反馈。信访工作事无巨细、繁多冗杂,如何筛选、分析、编发有价值的信息是第一道重要的工序;信息价值的体现在于实效,督查协调是信息取得实效的关键所在,否则再好的信息也产生不了社会效益和经济效益。实现信息的最高价值、最好效益是信息工作所追求的终极目标,而搞好审核反馈是实现这一目标的重要环节。

2.把握"四性问题",反馈社情民意。"四性问题"即倾向性、普遍性、苗头性、突发性的信访问题。现实生活充满各类矛盾,化解、消除矛盾才会促进社会进步,抓住并解决主要矛盾是历史发展的主要动力,由此,信访信息就是要突出带有"四性"的矛盾和问题,有的放矢地反馈和解决。

3.力求"新、快、多、深",奠定良好基础。"新",就是提供的信息应有新意,体现时代风貌,给人以新颖感,这是让信息进入领导决策圈的重要基础;"快",就是提供信息应注重时效性,尤其是集体访、联名信和突发事件,更应做到及时、快速反应,这是让信息发挥最大效益的根本保证;"多",就是勤筛选、细分析,在保证质量的前提下提供较多的信息,使信访信息由量变到质变,产生质的飞跃,达到较高的社会和经济效益的境界;"深",就是要深入实际调查研究,把握社会脉搏,挖掘事情的实质,澄清问题的是非,这是确保信息质量的关键所在。

## 三、积极全面开发,主动参政议政

信访信息的功能主要在于参政议政,信访信息功能的大小不仅在于其质量的高低和数量的多少,更在于对决策圈的影响力。

1.报忧为主,勇于针对时弊。决策层的信息源来自四面八方。从信访信息上,要了解从文件报告和会议汇报等渠道难以提供的情况,对解决问题提出正确决策很有帮助。为此,信访部门、信访干部应有为民请命的精神,及时、准确、真实、客观地反馈人民群众的建议、意见、呼声、愿望和要求,尤其是那些社会"热点""难点"问题等,以便让决策者胸有成竹地化解矛盾,维护正当权益,满足合理要求。诚然,报忧性质的信息容易惹起有些部门和同志不高兴或由于认识上、理解上的偏差而产生异议,这就要求受理人民来信来访的意志,要有点忍辱负重未忘忧国的精神,坚持原则、刚正不阿、实事求是、秉公执法地对待"忧信息"。

2.形式多样,拓宽信息渠道。信息的价值体现在应用,而能否进入决策圈得以应用关键在于渠道是否畅通。怎样才能构建一个全方位、多层次的信息反馈渠道,做法是:(1)及时呈阅摘报重要信访件,争取市分管领导乃至主要领导阅批,以求有效解决具体问题。(2)积极向有关信刊投递信访信息,以便领导者及时掌握和调解处理"热点""难点"问题。(3)搞好季度工作小结和各类专题报告等,既指导了本地业务工作的开展又能让上级掌握信访工作动态。(4)踊跃投新闻报道稿件,加强法规政策的宣传教育,倡导依法信访、依法治市。

此外,还应在实际操作中做到全面分析与重点反馈相结合、信访问题汇报与督查结案反馈相结合,积极并善于提供量多质高的信访信息。

## 四、重视基础建设,强化队伍素质

1."硬件"基础。它包括办公场所、交通工具、通讯器材等现代化的办公设施,尤其是开发信访信息管理系统软件,推行微机处理来信来访来电,以提高综合分析筛选反馈信访信息的时效性、准确性、客观性和全面性。这是做好信访信息工作的重要保证。

2."软件"基础。它除了科学管理之外,主要包括工作人员的整体素质。实践证明,在诸多因素中,人是最重要的因素,工作人员的政治和业务素质与搞好信访信息工作关系重大。工作的性质决定了一个称职的信访信息干部必须具备如下基本素质:(1)心要诚。忠诚于祖国和人民,有较高的政治理论修养,崇尚实事求是,勇于坚持原则。(2)脑要灵。思维敏捷,善于发现、捕捉、筛选、分析、综合各类有价值的信访信息。(3)腿要勤。主动深入基层、深入实践多做调查研究。积极、热情挖掘信息源,详察问题的性质、特点和对策。(4)手要快。有较好的文化知识功底和较强的文字工作能力,做文既快又好。只有建设一支思想好、作风正、业务精的工作人员队伍,才能肩负这样的重任。

## 五、健全竞争机制,倡导精神激励

提倡公平竞争是现代社会的重要标志,健全激励机制是搞好各项工作包括信访信息工作的重要基础。

1.健全激励机制。把信访信息工作列入信访工作目标管理范畴,确定具体任务指标,形成竞争激励机制。信访信息工作占据相当的分量,由于大家努力方向明确,积极协同作为,年年都超额完成既定指标。

2.落实激励措施。抓紧督促落实环节,采取定期和不定期的考评办法实施计划,及时表扬先进、敦促后进。

综上所述,只要能提高思想认识、确定奋斗目标,紧密围绕中心,注重信息实效,积极全面开发,主动参政议政,重视基础建设,强化队伍素质,健全竞争机制,倡导精神激励,那么,信访工作部门将成为深受领导者和人民群众欢迎的参谋部、情报站、监督岗、观察哨、调研室和社情民意信息中心,信访信息将在社会主义物质文明和精神文明建设中,真正实现其应有的社会价值。

(原载2008年3月《甘肃风采》)

# 疑难信访问题如何化解

疑难信访问题通常是指信访当事人所反映的问题缺少法律依据，或者法律规定有漏洞、缺陷，甚至相互矛盾，由此而导致的对问题无法处理、无所适从；有的虽符合法规，但明显不合理；有的尽管符合各种法律政策的规定，但当事人拒不接受，凡此种种都造成久拖不决，争议不断，甚至从对立走向对抗。

通过对一些疑难信访事项的剖析，发现疑难信访事项一般都有如下特点。一是当事人要求解决问题的决心大、信心足、愿望强；二是对问题的成见大，思想认识和个人行为偏激；三是当事人的心理依赖强，有相互支持的意识；四是情绪抵触大，交流沟通难，思想政治工作的优势难以发挥；五是影响社会稳定，不利于经济发展；六是社会负面影响大，当事人的行踪难以掌握，往往有预想不到的情况发生。按照疑难信访的形成过程，大致可分为：突变型、复仇型和无理纠缠型。突变型的疑难信访事项主要是由于政策的变化，当事双方的非理性僵持等原因引起的，从而造成对社会或责任主体的不满。复仇型是由于历史的成见和积怨而留下的心理愤恨，从而在处理新的问题时以一种复仇心态而造成的"新仇"。无理纠缠型主要是由于当事人坚持过高的、无理的，甚至不近情理的要求而产生的。

形成疑难信访的原因有很多,但归纳起来主要有以下几种。一是政策原因。由于近些年经济的快速发展,使社会各方面的情况都发生了很大变化;由于经济发展的动态性和社会变革的不确定性,使得一些属于上层建筑领域的法律、法规没有及时调整、修正,没能按照经济基础决定上层建筑的规律来及时确定相关的政策、法规。二是工作主体原因。有些责任单位的工作人员由于自身素质的影响,工作能力不强,水平偏低,工作过于简单和粗糙,造成了一些问题由小变大,从而产生了疑难问题。三是第三者的原因。有些客观存在的问题被少数对社会不满的人所利用。他们借题发挥,拉拢、蛊惑当事人与社会对抗,与政府对立。四是当事人的主观原因。诸如,想借机摆脱生活困难,或者把历史上曾有过的瓜葛也要一并了结等等。这些都或多或少地对一般问题变成复杂问题、简单问题变成疑难问题起到推波助澜的作用。

疑难信访问题的形成不是偶然的,它经历了一个长期的、复杂的过程。"冰冻三尺非一日之寒",因此,解决疑难问题也必须经历一个漫长的、艰苦的工作过程。可以说,解决每一起疑难信访问题,都是一个重新关心、帮助当事人并使当事人之间相互依赖的系统工程,其间的反复是难免的。在问题没有彻底解决之前,对疑难信访事件的当事人应在下述几方面的工作。

1.稳定和控制其在当地的访求。解决问题的有关工作人员第一步要做的就是营造和谐相处的环境和氛围,从而稳定人心。要定期不定期掌握其行踪和目的,间接或者派出相关人员与当事人进行经常性的交流、沟通。注意掌握当事人的各方面信息,重要了解他们的生活、工作情况。如有就医、就学、就业等重大的、不太顺利的情况发生,就要及时地给予关心、照顾,要让他们在日常生活中始终不会有被孤立、被边缘化的感觉,要努力消除他们的不满及对立情绪。

2. 构建有利于当事人转变观念、转变看法的"软环境"。要改变一个人的既定看法,除了针锋相对地教育、引导以及批评外,在当事人的生活圈子专门构建一个说服、诱导其改变看法的"软环境"也相当重要。在当事人比较信得过的朋友、同事、亲戚中寻找一些通情达理的人员,让他们做一些转变其立场、感化其感情、改变其观点的工作,有时会取得意想不到的效果。

3. 是寻找合适的中间人,构建信任的桥梁。疑难信访问题的久拖不决,一个重要的原因,是相互间缺少必要的信任理解,仅靠当事人双方构建信任基础有时会非常困难。因此寻找发展一个当事人信得过,责任单位也放心的中间人则是相当重要的一环。实践证明,许多疑难矛盾,离不开合适的中间人从中斡旋。针对当事人的"不信法官判的,不信干部说的,不信补偿最高的"心态,要请中间人做通他们的思想工作,最基本的一点就是要让其愿意坐下来谈。要促使他们在"不纠缠,不责难,不对立"的前提下,建立起彼此信任感,重新进行诚心诚意的协商。要千方百计,排除"千难万险"来促使"对立情绪"的消除。

4. 要尽可能使当事人的利益在最大化的基础上合理化。对那些由错综复杂的原因造成的疑难信访问题,要从解决问题的立场出发,全力做好疑难信访当事人的思想工作,化解问题的关键往往就是最后的利益问题。如何确定相对合理的"利益标准"就成了最终解决问题的"牛鼻子"。

在实践中,我们感到疑难信访问题往往都会经历信访—诉讼—再信访的过程。因此,在没有合适的中间人做工作的情况下,单靠"一家之言"是很难最终解决问题的。这已不是简单依法办事的问题,而是一个既要依法又要讲究技巧的综合问题。所以这些疑难信访问题形成后,应积极引导其诉讼,由于疑难信访事项的当事人,大多对自己的问题进行过细致的分析，对问题所涉及的法律、法规进行过全面、深入的学习与研究，所以，处理疑难信访问题既要教育疏导努力改变当事人固执、偏激的看法，使谈判、辩论努力达成一个合理的标准，更要稳定、控制，使当事人在彻底解决问题时，不要发生过度缠访、闹访等非正常信访现象，所以这项工作靠单个部门、个别人员的"单打独斗"是不行的，通常还需各部门的齐心协力、密切配合。由此，对每起疑难信访问题都应根据实际情况成立综合的工作班子，这样才能有效地调动行政资源，发挥组织优势，共同协调"攻难，解顽"，这是疑难信访问题最终的解决办法。

（原载2006年5月《发展》）

# 对提高工作执行力是做好
# 信访工作的思考

解决信访问题,分析信访工作中存在问题的原因,提高工作执行力是做好信访工作是建立信访工作长效机制的核心环节。

### 一、信访工作执行力差,造成信访形势严峻

1.思想不到位的消极执行,造成信访隐患频繁出现。在实际工作中,有的单位部门领导对信访工作重视程度不高,把握大局能力差,不能正确处理改革、发展、稳定的关系,对工作的决策部署理解不深、理解不透,执行片面,留下很多信访问题的隐患。

2.信息不顺畅的脱节执行,造成信访矛盾累积放大。一方面是从上往下传递中出现的"中梗阻"现象。一些单位部门执行政策"挑肥拣瘦",使一些既能推动发展又能促进和谐的政策、措施中途夭折,落不到实处,群众正当权益得不到保障;另一方面是自下向上的信息反馈中出现的"被搁置"现象。基层工作人员在执行中碰到的问题或发现的信访苗头隐患,没有及时向上反映或反映到中层就被压下,使问题被束之高阁,久拖不决,导致事态扩大,形成集体上访或越级上访。

3.作风不扎实的形式执行,造成信访问题化解不力。一

些单位的领导工作不深入，做事不专注，精力不集中，不能自觉地沉到一线、驻在基层、了解民意，不能为老百姓真办事、办实事、解难题，使一些小矛盾纠纷演化为信访问题，使一些不该发生的信访问题演变成群体性信访案件。有的单位疏于管理，岗位职责不清，遇事乱推派，抓着谁是谁，造成虽有分工却流于形式，大家工作没有积极性，被动应付，推一推动一动，不推就不动，出了问题或工作不到位，责任追究无法落实，根本谈不上彻底解决实际问题。

4.工作没力度的低效执行，造成信访问题逐步升级。当前信访问题涉及的领域在不断扩大，触及的层面在不断加深，一些相关部门在接到群众举报后，查案不及时，处理不坚决。还有个别办"关系案""人情案"的问题，损害了党 政府的形象，更凉了老百姓的心。一些单位的主要领导在安排部署工作时，不提前对可能发生的信访问题进行深入研究，缺乏预见性，导致具体工作人员一头雾水，执行中必定要再打折扣，特别是在重点工程攻坚过程中，一些难啃的"硬骨头""钉子户"直接影响着工作进程，有的单位领导在处理这些问题时犹豫不决，畏首畏尾，怕字当头，不敢动真碰硬，更加助长他们的嚣张气焰，进而提出更高、更多的无理要求，大大增加了解决问题的难度，造成了大量的重复上访、越级上访案件。

## 二、提高"三种能力"，强化信访工作执行力；做到三个到位，提高对信访形势的把握能力

1.认识到位。要充分认识信访工作的重要性和重大意义，切实增强做好信访工作的责任感和使命感，把信访工作作为实践为人民服务宗旨的重要工作抓好，关心群众疾苦，解决群众困难，为民办好事、办实事。要牢固树立"全区一盘

棋"的思想,摒弃部门利益和个人利益,扎扎实实地做好信访工作。

2. 领导到位。要强化各级各部门主要领导第一责任人意识,带头抓信访、负总责;区委常委会和政府常务会要定期听取信访工作汇报,研究解决工作中存在的问题,对信访突出案件要随时掌握情况,迅速提出解决办法;各乡镇、区、各单位也要建立相应的制度,并将其切实落到实处。真正形成一级抓一级,一级对一级负责,层层抓落实,处处无遗漏的信访工作领导体制。

3. 落实到位。关键是把握住传达、沟通、反馈三个环节,要把上级要求、会议精神及时的传达到基层,各涉访单位部门要随时沟通联系,问题处理情况在第一时间反馈到涉访群众之中。要对工作高标准严要求,不能放松警惕、懈怠懒散,导致该说的没说、该办的没办、小事变大甚至严重恶化不可收拾。

### 三、讲究三种方法,提高对信访案件的处理能力

1. 讲究接待方法。把"大接访"活动中公开接待、预约接待、下访接待作为领导接待的有效方式,长期坚持下去。在接待中要热情接待,多用"暖语",慎用"冷语",禁用"伤人语"。

2. 讲究调解处理方法。采取村民小组组长和居民楼楼长、村委会和社区居委会、乡镇和街道、区信访联席会多层面调解处理;采取朋友邻里、政府部门、司法机关多种途径调解处理。

3. 讲究稳控方法。稳控方法要因人而异,因事而异,灵活掌握。对有的上访户要用身旁的同事看、朋友看、邻居看;对有的无业的老上访户,要给其安置例如打更、门卫这样的特殊工作,固定其日常生活起居范围;对有的缠访户要派专职

干部监视看护,随时掌握其行踪;对有的闹访户要采取办法制培训班的形式,固定专人看守;对脱离视线的上访户,要设卡检查,流动巡查搜索。

## 四、完善三种机制,提高对信访局面的控制能力

1.完善考核评价机制。要加大信访考核工作力度,与班子综合实际挂钩,每半年考核一次,并加大信访工作在实际考核中所占分值的比例,使之成为考察干部特别是领导干部工作实际的重要依据。

2.完善监督制约机制。严格执行督促检查工作问责暂行办法,对不按工作要求办理信访事项而造成不良后果的,严格追究其责任;进一步完善督查督办长效机制;建立定期通报制度,进行倒排,对连续两次倒排进入前三名的单位,给予相应的通报批评、黄牌警告、调整工作岗位等处分。

3.完善责任追究机制。严格落实信访工作领导责任,对因失职、渎职、不作为、乱作为,引发群众上访或造成大规模群体性事件的,无论什么单位、什么人员,一律严肃处理。

(原载2009年11月《甘肃风采》)

# 对预测信访问题事件的思考

信访工作,是国家机关接受群众监督、了解社情民意的重要渠道,也是化解矛盾、推动工作、凝聚人心的重要手段。信访工作问题,特指信访工作和信访制度运行中存在的总体性问题,是当信访量非常大以致信访部门疲于应付、相关部门也无力解决的时候,特别是相当多数量人以群众形态到党政部门或公共场所"上访"以致影响社会稳定的时候,就会形成信访问题。所谓信访预测,就是通过政府主导、社会参与,建立起一种基础性的信访问题检测预防机制,进而化解各种社会矛盾、风险与冲突。为了更好地预测、预防信访问题和应对突发事件,可以考虑建立相关的预防机制。

信访预测是依据对信访工作状况的判断,按照信访系统模型进行分析,对信访系统进行的质量和后果进行评价、预测和报警。信访预防系统主要包括预防报告系统、预防分析系统和预警协调系统三个层次。信访预防系统的工作原理是,首先选择一组反映信访问题状况的指标,运用有关的数据处理方法,将多个指标合并为一个综合性指标,然后通过一组类似于交通信号的红、黄、蓝、绿灯的标识,对当前信访领域各方面情况的发展趋势进行分析预测,并及时提出意见和建议,帮助决策者选择正确的对策。发挥从源头上发现问题、解决问题的作用,引导群众理性、有序地表达意愿,从而妥善化解人民内部矛盾，促进社会和谐稳定。因此，建立健全信访预防机制十分重要而且迫切。

1.建立健全信访预防机制，需要在政府统一领导下进行，各部门协调配合，齐抓共管。信访预防机制涉及信访主体利益协调、权益保障、社情民意表达、社会舆情汇集和分析、群体性事件预防和妥善处置等多方面内容。政府部门应依据法律和政策处理信访问题，确保政策到位，教育到位，防止局部问题转化成全局问题，防止非对抗性矛盾转化为对抗矛盾，提高信访预防机制，控制社会冲突，促进社会和谐发展。

2.建立健全信访预防机制，需要建立信访以政府为责任的主体信息沟通机制。信访问题的出现很大程度上与信息沟通有关，信访预防机制要发挥作用，必须建立完整的信访沟通机制。这个机制包含两个信息传达过程，一个是信息自上而下，政府应高度重视并相应扩大信息收集的渠道，包括建立信息中心以及各种形式的社情调查、民意测验等机构，分析预测群众思想行为性质、发展深度和广度、扩大的趋势等，建立全面的信息统计分析机构，完善信息处理系统，为预防信访问题的发生和蔓延提供信息支持。

3.建立健全信访预防机制需要全面完善信访预防设置。目前，需要建立的相关预防设置有以纪检、监察、信访等部门为主体的信访总体预防机制，以工会为依托的劳动关系协调预防机制，以社区组织为依托的个体心理健康防卫预防机制，以社会为主体的社会矛盾化解机制等等。应该看到信访预防机制是以政府为核心和主导的预防机制群，因此，应从政府工作的各个方面全面加强预防设置，以充分发挥信访预防机制在构建社会主义和谐社会中的作用，促进社会和谐发展。

（原载2009年11月《甘肃风采》）

# 对信访工作成为党委和政府的参谋助手的思考

信访工作是党和政府的一项重要工作,是党的群众工作的重要组成部分,是为人民群众排忧解难的工作,是构建社会主义和谐社会的基础性工作。这样的定位,决定了信访工作必须"跳出信访看信访,站位全局抓信访"。信访问题是各种社会矛盾的综合反映,往往伴随着经济形势的变化而变化,必须从宏观经济这个大背景出发,深刻思考信访工作面临的新情况、新变化、新动向。化解社会矛盾,维护社会稳定,努力使信访工作成为党委政府的好参谋好助手。

1.要高度重视长期积累的社会矛盾的新变化。通过几年来的努力,虽然涉及农村土地征用、城镇房屋拆迁、国有企业改制、涉法涉诉等方面的信访突出问题有所缓解,但仍然占信访总数的很大比例,一些问题尚未从根本上得到解决,而且在新的条件下出现了许多新情况新变化,如果处理不好容易引发新的矛盾,甚至还可能会出现不稳定因素。

2.要高度重视敌对势力插手、利用信访问题的新动向。近年来,信访问题成为敌对势力插手、利用、炒作的一个敏感点,必须保持高度警惕,及时掌握信息,切实加强有针对性的工作,不给敌对势力以可乘之机。总之,要紧紧围绕"保增长、保民生、保稳定"这个大目标,切实把信访工作放到全省经济社会发展的这个大局中来把握、部署、推进,通过直面矛盾、破解难题，变压力为动力，化困难为机遇，努力使信访工作更好地在全局中定位，更好地发挥职能作用，更好地服务于全省的中心工作。

政策和策略是党的生命，这是我们做好一切工作包括信访工作的根本宗旨。信访工作是反映社情民意和政策落实情况的"晴雨表"，中央和省上出台的一系列政策落实与否、完善与否、周全与否，往往在群众来信来访中能得到最直接、最具体的反映。为此，信访部门要善于运用丰富的信访信息资源，积极为党委和政府建言献策，当好参谋。

3.要有关注政策效应的强烈意识。意识是行动的先导，群众来访是送上门的调查研究，信访信息是研究政策的第一手资料。我们要把信访工作的基础，作为了解情况、发现问题、研究政策的过程。信访干部首先要认真学习，全面掌握党和国家的方针政策，熟悉相关的法律法规，这是做好信访工作的基本条件。在实际工作中，心里始终要有政策这根弦，有老百姓这个本，甘当党的政策的宣传员，释疑解惑的辅导员，政策落实的督查员，建构党和政府同人民群众联系的"政策桥梁"。

4.要充分发挥"第二研究室"的作用。信访部门要当好"第二研究室"，这是中央领导同志基于信访工作的性质和特点提出来的。从受理群众来信来访到注重研究思考问题，从信访个案抽象出一般，既是工作方法的转变，又是工作理念的升华。信访部门拥有的广泛信访信息资源，鲜活的经济社会素材，要在认真办理信访事项、推动"事要解决"的同时，十分注意通过信访看政策的贯彻落实，看干部的工作作风。要紧紧抓住社会热点难点问题和信访突出问题，深入其中，跟踪研究，用综合分析的"钥匙"，打开理性思考的"大门"，以更好地丰富信访工作的内涵，更好地发挥信访部门的作用。

5.要及时提出改进和完善政策的建议。客观地讲，领导机关掌握的信息与社会实践的信息,存在着时间差的问题。决策机关需要各个方面、各个渠道提供客观真实的情况,这既是民主决策的基本要求,也是科学决策的基本方法。信访部门在这方面要充分发挥优势,既要原汁原味地反映重要信息,又要努力综合加工提炼,把人民群众的所思、所盼、所求及时反映上去,并按照《信访条例》的规定,适时提出改进和完善政策的意见和建议,努力当好党委和政府决策的参谋助手。

(原载2009年3月《甘肃风采》)

# 浅议信访接访谈话的艺术技巧

信访工作是我们党和政府发扬民主、体察民情、联系群众的重要渠道,是具有一定科学性和艺术性的重要工作。

接访谈话是信访活动的重要关节点。接访过程中,同来访群众进行有效谈话,对于了解群众上访的意愿,解决群众的实际问题,密切党和政府与人民群众的血肉联系具有重要意义。因此,研究和探索接访谈话的艺术技巧,已成为当前加强和改善信访工作,建设一支高素质信访干部队伍的重要课题。

## 一、接访谈话的基本特点

当前群众来访要求回答和解决的问题,多数与自己的切身利益有关。当他们提出的问题不符合实际情况,或提出的要求不符合政策规定时,接访者就很难满足上访人提出的要求。上访人从自己的情感和需要出发,坚持要求政府满足自己的需求,而接访者依据党和政府的方针政策及有关规定,又不能答应上访人的过高要求。在这种情况下,如果接访者不能很好地讲究谈话的艺术技巧,使群众正确地理解党的方针和政策,谈话的双方就会形成对立。

上访群众之所以要上访,是出于他们对党和政府的充分依赖。上访是要求党和政府解决群众在工作、学习以及生活中遇到的一些自己难以解决的问题,而党和政府的信访部门恰恰就是以对党对人民高度负责的态度去协调解决这些问题的,从这个基本点着眼,双方的目的又是共同的,因而谈话在目的上存在着一致性。

有些上访人,特别是集体上访人,要求解决的问题因某些原因暂时没有得到解决,故而采取不冷静的态度。有的要越级上访,有的静坐请愿,有的直接找党委和政府主要领导,不管他们反映的情况是否属实,要求是否合理,非要解决不可。在这种情况下的接访谈话又具有一定的复杂性。由于多方面的原因,社会的各种矛盾在一定程度上交织在一起,如企业生产不景气,个别干部腐败,侵犯群众利益问题,个别人无理取闹等。这些问题有的可以立即解决,有的一时难以解决。而这些问题不管结果如何,都要通过接访谈话来答复,信访部门解答这些问题时态度不能模棱两可,必须要对反映的问题进行实事求是的调查,依据政策规定,寻找解决的途径,这就使接访谈话具有较强的政策性。

## 二、接访谈话的动机和效果

国务院制定的《信访条例》指出:"各级行政机关应当做好信访工作,认真处理来信、接待来访,倾听人民群众的意见、建议和要求,接受人民群众的监督,努力为人民服务。"各级党委和行政机关,尤其是信访部门,实施接访谈话就要从这个基本点出发,保证党政机关和企事业单位的党员干部能够按照党的路线、方针和政策办事,使人民群众的正确意见得到及时采纳,存在的困难得到妥善解决,这就是我们实施接访谈话的动机。

动机是人们从事某种行为的意图,是推动人们行为的内在力。我们党和政府的信访干部实施接访谈话的动机是善。这里,善真实地体现了党和政府接待人民群众来访的真实目的,体现了党和政府关心群众工作和生活,认真倾听群众意见,全心全意为人民服务的良好愿望。善又是对信访干部实施接访谈话的起码要求,体现了接访者为上访群众服务,真心实意为他们解决问题的情感和责任。接访者只有善的动机是远远不够的,还必须研究如何达到预期目的的谈话艺术。有的信访干部在接谈中有良好的愿望,但没有达到预期的目的,其主要原因是没有把实施谈话的过程作为动机与效果相统一。认真考察这一实践过程,就会发现以下两点:一是对接访的重要意义还不明确,甚至没有理解接访的真正含义;二是理论和实际相脱离,即接访者对接访活动中诸要素的本质及相互关系的认识与客观实际不相符,使接访谈话达不到情感交流的目的。心理学研究表明,情是人的一种心理机能,一种主观感受,而理是客观事物的内在联系。列宁曾深刻指出:"没有人的感情,就没有、也不可能有人对真理的追求。"在接访谈话过程中,情感的力量是巨大的,感人心者,莫过于情。情牵信访,心系人民,并采取科学的谈话方式,才能实现动机与效果的统一。这就要求接访者必须有对党对人民高度的爱护态度,并且能使其主动配合。因此,接访者应具有较高的素质,掌握多种知识,熟悉党的各项政策和国家的法律、法规,搞好科学预测,在接谈中经过周密分析,分清问题的是非曲直,摸清来访者的思维轨迹,掌握其心理特征,运用科学的谈话方式,才能有效地履行自己的职责。

## 三、接访谈话的形式和技巧

艺术追求的是真、善、美,接访谈话的艺术技巧应该是真、善、美的统一。如果说接访谈话的真要求是合乎规律性;接访谈话中的善,要求的是合乎目的性;那么,接访谈话中的美,就应是谈话的形式和技巧。它要求接访者首先要心理优化,采取有效方式,使接访谈话达到预期效果,谈话双方按心理互补规律,达到心境平衡和心理相容的最佳状态。接访者要注意营造良好的接访氛围,把握上访人的思维动向,控制接访局面的发展,准确地了解上访人的动机、目的及情感倾向。在这里,正确地把握表情判别的尺度,也是十分重要的。人的表情是情绪情感的外显形式,表情是交际时面部的动力表现。表情作为一种社会性刺激,对他人常起到激励和抑制作用,要善于运用态式语言,用身体形态的变化和表情来传达某种信息,要与交谈的对象架起"心之桥",才能使上访人产生情感上的共鸣。谈话中,应注意从上访人的语言和表情掌握其基本心态,周密考虑用什么样的方式谈起来更有效。对重访人谈话,还要准备几套谈话方案。谈话时,要善于用非正式权威去影响谈话对象,接谈应是同志式的,不是家长式的;是讨论式的,不是命令式的。在需要解决的诸多问题中,要把握住关键环节,抓住主要矛盾。要针对上访人的不同阅历,不同年龄,不同的个性综合特征,不同的气质类型,采取与之适应的方法,这是实事求是搞好接访谈话的又一前提。接访者要认清其职责的整体结构,并考虑到谈话对象的心理承受能力,针对不同的对象采取不同的方式,循序渐进、由浅入深,才能取得良好的效果。

谈话时不要以"领导者"自居,要以平等的态度交谈。谈话过程是信息和情感的交流过程,平等、热情、友好的谈话有助于消除心理隔阂。接谈中的一个让座、一杯热茶、一个亲切的微笑,都能增强和谐的气氛,成为信息交流、情感沟通的先决条件,接访者要善于倾听对方的意见。理解是交谈的媒介,要善于换位思考,要强化语言感染力,提高情感的深化效能。要恰当地运用语言,力戒空话、套话和滥用专业术语,做到言之有据,有的放矢,防止语言枯燥无味,造成谈话对象的心理疲劳。交谈要遵循人们思维活动的规律,善于选择适当的场合,采取适当的方式进行,尤其注意对心绪不佳的上访人,要尽量避免接访访话在走廊和街面上进行。

笔者在接谈工作实践中体会到接访谈话的艺术方式归结起来，主要有下述八种。

1.渐进式谈话。对情绪激动的上访人要以柔克刚，稳定其情绪，不要激化矛盾。要平心静气，尽量与谈话拉近距离。要善于倾听谈话对象的意见，扩展沟通渠道，尽快地稳定和控制上访人的情绪，善于把上访人过高过急的需求引向合理的适度的需求。用真诚和理解来取得上访人的信任，以营造融洽和谐的氛围，同时还要适当提出建设性意见。

2.参照式谈话。对于来访群众提出的一些热点、难点问题，要有选择地引用类似案例，进行启发引导，引他山之石，为我所用。有些上访问题之所以成为热点和难点，主要因为这些问题倾向性强，现实影响大，为人民群众所关注，而又没有得到及时解决。如果没有得到及时可信的答复，很容易使上访人产生误解和偏见。通过对一些类似或相近的案例的介绍和分析，使上访人从本质上把握党和政府的态度，以诚相待，推心置腹地与之进行交谈，以达到最佳效果。

3.幽默式谈话。幽默是人类高层次的精神活动。幽默可减轻压力，润滑人际关系，是消除紧张空气的排气阀。接访者恰当使用幽默语言，会使上访人打开思想阀门，与其拉近距离，这对于处理集体上访和一些上访老户一般是适用的。恰当地运用幽默式谈话，会使融洽的交谈产生一种有效的"添加剂"，但对幽默使用过度也会使上访人产生不信任心理。

4.触动式谈话。在接访谈话过程中，要针对观念陈旧的上访人耐心细致地宣传党的方针政策和国家《信访条例》。对于一些不正确的看法，要进行实质性触动。要正确表明态度，该办的，不该办的，要予以明确答复，防止重访和越级上访。

5.商讨式谈话。对厂、矿、企事业单位群众来访，要采取商讨的方式相互沟通，共同商量解决问题的措施。尤其对群众反映强烈的热点问题,要诚恳征求来访群众的意见,倾听群众的呼声和提出的建议,"广直言之路,启进善之门",为领导正确决策搜集和提供信息。

6.会议式谈话。对集体上访的代表进行集体谈话,涉及的有关部门也一同参与交谈,把群众的要求、党和政府的有关政策,以及有关部门的规定都拿到桌面上讨论,正确地处理好国家、集体、个人三者的利益关系,运用组织的力量解决问题,充分发挥信访部门的协调职能。

7.激励式谈话。激励是调动人们积极性的一种有效方式。对于提出过高要求的上访人以及越级上访者、造成一定影响的集体上访代表,经接访已经认识到自己的问题,但思想负担较重的上访人,要采取激励方式,动之以情,晓之以理,鼓励他们放下包袱,振作精神,以充分体现党和政府的信任和关怀。通过情感激励,能进一步建立起融洽和谐的关系,增强党和政府的凝聚力。同时,对于人民群众提出的合理建议要及时鼓励,激励人民群众广开言路,为党和政府的科学决策献计献策。

8.警戒式谈话。对无理上访造成一定社会影响的上访人,要严肃批评。对影响办公秩序的上访人要予以劝告,严重的由公安部门出面训诫,触犯法律的要依法处理,以防止事态扩大,体现信访部门的权威性和国家法律的严肃性。

理论和实践告诉我们,诸多谈话方式很多时候可以交替使用,互补不足。而诸多接访方式中起主导作用的是责任与情感。这种责任与情感来源于对党的事业的忠诚,来源于对人民群众的深厚感情。当我们把接访谈话工作真正作为党赋予我们的神圣职责,把接访作为讲政治的一项重要工作,作为一种服务,一种对人民群众爱的传递和奉献时,我们就会自觉地去研究接访谈话的艺术和技巧,探求它的真、善、美,以不断改进和加强信访工作。

(原载2005年《办公厅工作》)

# 浅论信访干部精神

## 一、敬业爱岗开拓进取的公仆精神

全心全意为人民服务是党的宗旨，为人民服务就要心中装着群众，做好本职工作，在信访工作岗位上就得按法规政策办事，一心为群众主持公道，满足群众的正当要求。信访部门是清水衙门，信访工作繁杂艰巨，信访者的愿望却如重负在肩。化解社会矛盾，调解各类纷争，调动各界积极因素，维护社会稳定，推动反腐倡廉，支持改革开放等等，这一切都必须从日常的办信接访等点点滴滴琐碎细小的工作做起。信访部门为了解决老百姓的实际问题，常常要与职能部门论说公道，向决策机关反馈社情民意。认为坚持实事求是才有利于改革开放、社会稳定和经济发展，三百六十行，行行出状元，作为党的干部就要干一行、爱一行、钻一行，并干好那一行。为党工作为民服务，在哪个岗位上都行。当然，不能否认一个较好的工作环境或较重要的工作岗位，确实能让有志者为社会为百姓多发挥点作用，多做一些贡献，同时也加重当事人的责任负担。每年经手处理的群众来信来访有好几千件，信访者的正当要求只有具备解决条件的才能设法满足。大家知道，市场经济条件下并不要求人们的职业要一锤定终身，军人以服从命令为天职，党的干部以组织需要为本分。水往低处流,人往高处走,做任何工作都应有力争上游的劲头,而且必须有实事求是的态度和脚踏实地的作风。也许,现实生活中那种"木秀于林,风必摧之"和"枪打出头鸟"等反常现象,难免使一些同志顾虑重重,甘居中流。然而,人处激流不进则退,人的精神可贵之处在于对事业的不断追求和进取之心。与其轻轻松松、舒舒服服虚度一生而懊悔,不如紧紧张张、辛辛苦苦磨炼自己的意志、陶冶自己的品格而欣慰。璞玉不雕不成器,黄金不炼难成品。作为新时代党的信访干部更应该在改革开放的风口浪尖上摔打,在社会实践的矛盾斗争中锤炼。尽管各人所处的具体条件千差万别,但有一点对任何人都是公平的,那就是你付出的越多,成功的希望越大,人生的价值越高。应该承认,有的人由于客观条件较优越,稍加努力就取得同样的成效,但是这只是表象,由于付出的辛劳较少,其品格、思想、情操、毅力的磨炼就不如在条件较差情况下成长起来的同志,所以前者的人格力量和人生价值就小得多,因为后者一旦与前者处于同一起跑线上将取得巨大的成功。这就涉及我们的各级领导干部和组织人事部门,如何本着为党为人民服务的高度责任心,为党的干部的成长、为一切人才的脱颖而出提供一个公平竞争的环境,创造一些大有作为的条件了。

## 二、严以律己诚以待人的表率精神

唐代大文豪韩愈赞曰:"古之君子,其责己也重以周,其待人也轻以约。"真正的共产党人既能严以律己,又能宽以待人,还能诚以待人。公生明谦生威,以身作则当好表率对党的信访干部来说也是不言而喻的,但在如何付诸实践方面却见仁见智。有的同志也许会以为触犯刑律的事不去干就行了,大过不犯小错不断误不了大事,山陵之祸,起于毫芒。蝼蚁之穴可溃千里长堤,防微杜渐方保一生清白。不论在办信接访的公务中还是待人接物的生活中,对人生勿以恶小而为之,对社会勿以善小而不为。时光悄悄流逝,认真而严谨地履行这样的信条,没有一点精神支付是难以持之以恒的。毛泽东同志指出:"做一点好事并不难,难的是一辈子做好事而做坏事。",如果就自律来讲,我认为不违法犯罪并不难,难的是长年累月事无巨细严以律己,先人礼仪,诚信为本。诚信待人的意识对信访干部相当重要。众人拾柴火焰高,一个好汉三个帮。再有能力的信访干部,没有大家的协助也干不成大事;再宏伟的蓝图,没有众人的努力也成不了现实。人都有一定的自尊心,都希望得到理解和尊重,都希望他人发现自己闪光点并承认自己存在的价值。从领导心理学的观点来讲,这是团结调动全体工作人员共同完成各项任务的重要前提;而从信访学的角度出发,这是解决各类信访疑难问题的重要基础。在当前,有些人讲求功利的时候,像信访部门一类既辛苦又清贫的部门更应重视这个问题,所以,作为一个信访干部,既应积极主动、兢兢业业做好本职工作;又要任劳任怨,克己待人的,善待满腹牢骚、浑身怨气包括那些出言不逊的信访者。作为信访部门的同志,还要努力健全、完善正常的竞争激励机制,为优秀人才脱颖而出创造条件,真正做到积极培养主动解难,尤其是关心那些把全部精力用在工作上的好同志,尽可能不让老实人吃亏。根治一味讲求功利这一弊病虽是组织人事部门和领导人的职责,但要彻底解决问题还有待于干部人事制度的深入改革,现在只能寄望于有更多开明的领导及组织人事部门。但须切记,你没有良好的德能勤绩,再好的领导也孤掌难鸣。

　　说到要善待那些满腹牢骚、浑身怨气包括那些出言不逊的信访者,身体力行起来并非易事。虽然我们努力这样要求和约束自己,希望以诚感人、以情动人做好工作,不过这毕竟是件令人不太愉快的事,难怪人们要疾呼"理解万岁"。逻辑大家都明白,现实生活中存心跟我们过不去的人毕竟极少,大都是对事物的认识存在差异或误解。所以说,严以律己宽以待人尤其是以诚待人的表率精神是信访干部尤其是领导干部必须大力提倡的一种精神。

### 三、持之以恒刻苦钻研的学习精神

我们身处信息时代,知识更新的速度前所未有,作为党的信访干部尤其是领导干部,原来掌握的知识已不太适应社会发展,即使是信访工作,如果有心要出色地修筑、维护党和政府联系人民群众这座"连心桥"的话,至少要学习哲学、法学、史学、文学、政治学、经济学、心理学、社会学、行政学、逻辑学、行为学、秘书学等知识。信息调研材料数以万计,正像其它行业一样,解决错综复杂的信访问题,使信访信息产生社会、经济效益等都要有广博的知识、较高的政策水平、较硬的文字功底、较好的演讲口才和较深的思想修养,那就必须像列宁和周恩来同志所常说的那样,学习,学习,再学习。这是社会的要求也是人生的需要。俗话说:流水不腐,户枢不蠹。人的脑袋不经常补充精神食粮是不行的。常常听到这样的惋惜:那家伙萎靡不振,未老先衰。可想而知,前者的人生态度很积极,他们能够不断从学习中补充营养,在改造客观世界的同时改造自己的主观世界,这样的同志能活到老学到老,即使是耄耋之年也会给人一种充满自信、乐观和生机勃勃的感觉;而后者大都对人生抱着消极的态度,或怨天尤人悲观失望或浑浑噩噩得过且过或不求进取聊度一生。相信我们多数的同志,本性都是较积极的。

对于学习,有个问题使许多同志较为苦恼,即怎样处理好与工作的关系并持之以恒。大家都希望有一个较好的学习环境，这是人之常情，尤其对曾经因上山下乡而失去步入梦寐以求的高等学府神圣殿堂的人来说更是终生憾事，尽管有不少同志挤进"五大"成人教育圈硬是圆了这个残缺的梦，然而，当今时代即使你是以研究生的身份跨出校门，不断更新知识同样必不可少。党和政府一直十分重视干部的脱产进修培养，但限于财力物力，能够享此厚遇的毕竟为数很少，绝大多数同志主要靠挤出有限的业余时间来弥补知识的不足，这对工作任务繁重的信访干部来说更是勉为其难了，但舍此没有捷径可走。十分遗憾，没有机会享受"科班"的待遇，但国家毕竟为我们许多同时代的人提供了很多业余学习的好机会。组织上安排短期进修培训、学理论、学业务的，既然是业余学习就该名符其实，挤的时间主要是自己有限的业余时间，做工作还应全力以赴。学习的目的是为了更好地工作，不能以影响本职工作为代价，工作为主学习为辅，正确处理好工学矛盾是我们提倡学习的先决条件。我觉得如果为了工作请假不去上那些辅导课，可能会心安理得；如果丢下手头紧急的任务去学习文化知识，大家都会感到很不自在。当然，尽量帮助大家解决工学矛盾，不妨与参加学习的同志也来个换位思考，以沟通思想，加深理解，真正做到工学两不误。社会是个名符其实的大课堂，党的信访工作更是一门实践性、挑战性很强的社会科学。总而言之，生命有限，精神永恒。当好党的信访干部，奉献是其本质，认真是其动力，讲政治、讲学习、讲正气是其主题。

（原载2006年《办公厅工作》）

# 浅议信访干部的政治素质

听了全国优秀信访干部吴天祥同志的事迹报告,在他身上最令人敬佩的是他对党的事业无限忠诚,具有较高的政治素质。作为一名信访干部,要做好党的工作,必须要有较高的政治素质,因为政治素质是其他素质发展的动力,处于主导地位,也是信访干部应具备的第一素质。

就素质而言,有狭义和广义之分。狭义的素质是指人的一种先天的生理上的特点,如人的性格、气质、兴趣、风度、体魄等;广义的素质既包括人的先天的生理素质,更包括人们在后天实践中不断发育和成熟、发展和完善起来的各方面素质,如品德、情操、学识、才能等。人的素质结构是一个有机的统一体,是密切联系而不可分割的,但其政治素质则是首要的。吴天祥同志之所以成为人们学习的榜样,就因为他讲政治,爱人民,深深植根于人民群众之中。他以崇高的理想,坚定的信念,高尚的情操,无私的奉献,为人民造福,为政府争光,为党旗增辉,这既是人们对他的高度评价,也是他具有较高的政治素质的具体体现。从他那感人至深的事迹中我们领悟到,信访干部所在岗位,是既平凡又重要,既艰苦而又光荣的,但如果不具备他那样的政治素质,无法在这个岗位上创造出一流的工作。因此,作为信访干部首先应该注重自己的政治素质的养成。

要提高政治素质,就必须从以下几方面着眼和着手。

1.所谓讲政治,就是要讲政治立场、政治观点、政治方向、政治敏锐性和政治鉴别力。从根本上说,就是要讲群众观点、群众路线,对群众要有正确的态度、深厚的情感,实实在在为群众办实事。信访部门是与群众联系的桥梁和纽带,信访干部的一言一行则代表着党和政府的形象。作为信访干部,在自己的工作岗位上必须旗帜鲜明地坚持党的四项基本原则,像吴天祥同志那样以高度的政治觉悟及强烈的责任感和事业心,认认真真地做好每件工作。要有为信访工作尽职尽责,具有奉献精神的自觉性,更要有全心全意为人民服务的坚定性,政治上与党中央保持高度的一致性。

2.要有较高的政治水平和政策水平。尤其在我国社会主义现代化建设的今天,由于改革的进一步深化,在计划经济向市场经济转轨的过程中,信访工作面临着许多新情况、新问题。如企业在改革中,打破铁饭碗,职工的再择业已成必然,企业职工上访便成为当前的突出矛盾,其要求只有一个,要饭吃,要生存。究其根源,主要是由于他们对我国经济体制改革的形势认识不清,对改革的政策理解不深,从思想上还没有摆脱"大锅饭"的影响,不愿参与到市场竞争中去。在处理这类信访问题时,就要求每一个信访干部熟知党的路线、方针和政策,做到像吴天祥同志那样,把对党负责和对人民群众负责统一起来,向上访者宣传政策,讲清道理,帮助他们解除心中的疑虑和矛盾,相信他们是通情达理的,是拥护党的路线、方针和政策的,也是同党和政府一条心的。关键在于信访干部要懂得政治,懂得党的路线、方针和政策,懂得对上访者说贴心话,做细致入微、卓有成效的工作,这里最重要的是要具有较高的政治水平和政策水平。如果对党的政策掌握不够或理解不深,就难以适应信访工作的需要,难以创造第一流的工作。

3.要有高尚的政治修养和良好的职业道德。不同职业的人,在社会中有着不同的地位和利益,也有着不同的责任、权利和义务,因而形成特殊的道德准则和行为规范。作为信访干部,热爱本职工作,学习先进,提高质量,讲究实效,应成为自己的天职,吴天祥同志就是我们的一面镜子。他身在信访工作岗位上,做的是与人民群众息息相关的事情。他认定了自己的本职工作,心中时刻关注着人民群众的疾苦,他为人民群众办了许多实事,从就业、福利、户口、案件、住房、上学、婚姻、直到厕所、下水道,等等。只要该办,他都尽心竭力;只要能办,就一定办成。试问,如果他不具备高尚的政治修养和良好的职业道德,岂能成哉?因此,我认为作为一名信访干部,一要加强思想品质修养,严于律己,言行一致,以身作则,做到说真话、办实事,要求别人做到的自己首先做到;二要树立良好的思想和工作作风,相信群众,依靠群众,一切从实际出发,坚持原则,按政策办事,不徇私枉法,视群众如"亲人";三要有清晰的法制观点,像吴天祥同志那样,在法律和政策允许的范围内竭尽全力做好信访工作,既要向党和国家负责,又要向广大人民群众负责,既要做党的路线、方针和政策的坚强的捍卫者,自觉维护党和政府的形象,又要做人民群众合法权益的保护者。这是一个信访干部应具备的政治素质所赋予的神圣职责。

总之,新的历史时期,对信访干部素质的要求愈来愈高,特别是政治素质。因为信访干部扮演着多种角色,诸如工作者、服务员、宣传员、调解员,等等。信访工作的性质,要求我们每一个信访干部,必须在实践中不断地加强自身学习,努力陶冶情操、充实自我,才能使自己成为一名真正合格的信访工作者。

(原载2004年3月《办公厅工作》)

# 对新形势下坚持正确理念做好信访工作的思考

随着全面深化改革的总体推进,党中央对信访工作思路不断作出调整部署,形成了一系列新的工作原则和方式方法。坚持和把握正确的信访工作思维理念,对于坚持和完善信访制度改革,坚持正确的工作方向,改变当前信访工作的局面具有十分重要的意义。新形势当前,信访工作重点应树立和坚持好以下正确理念。

坚持服务中心工作的理念。当前,在抓信访工作中存在着错误倾向,一种是脱离中心工作,就信访抓信访的倾向。有些领导干部怕信访出问题要被问责,采取"压制""花钱买平安"等方式"减少"信访,这种不择手段换来的一时"平安日子",不仅不会解决发展中带来的问题,反而会埋下更多更大的隐患。同时也有很多人认为,只要把矛盾解决了就完成了任务,至于是否会影响经济社会发展已经顾不上了。社会矛盾问题最终还要靠发展来解决,没有强烈的中心工作意识、大局意识,也不会做好某一领域的工作。另一种错误认识是认为抓信访会影响中心工作,这是没有摆正信访工作与中心工作关系的问题。信访工作是抓好中心工作的题中应有之义,即解决矛盾就是给群众带来福祉,就是践行宗旨;信访工作又是抓中心工作的重要方式方法,即通过化解矛盾,破解前进中的难题,赢得群众的支持,促进中心工作顺利开展。因此，信访工作是目的，也是方法，它离不开中心工作，也必须围绕中心开展工作，二者必须"两促进"，不能"两层皮"。

坚持全心全意为群众服务的理念。第一时间疏导情绪、化解矛盾、解释政策，但更主要的职责是受理和协调推动解决群众反映的实际问题。信访工作机制是党委、政府开辟的一个群众诉求表达渠道，通过这个渠道，及时发现问题、解决问题，监督行政行为、反思政策得失，是送上门的群众工作。全心全意地听取群众的意见、建议，帮助他们解决合理诉求，是我们的责任和义务，而不应把他们当成维稳对象。相对弱化了信访部门依法维权的职能，那就偏离了根本职责。长此以往，将失去群众对我们的信任，也势必使信访工作更趋复杂化，进入恶性循环。

坚持法治思维的理念。信访工作的法治思维至少包括以下几方面。依照法定授权履行职责，就是按照"法无授权不可为"的要求，按照法律规定职责和责任清单开展工作；依照法定程序开展工作，就是要严格按照《信访条例》规定的程序开展工作，树立强烈的程序法定、刚性意识，不能有任何工作随意性；依据法律政策解决问题，就是使每一个信访事项的解决结论都应于法于政策有据可查，一切在政策法律框架内解决群众诉求；依法规范上访秩序，就是引导群众按规定按程序理性上访，特别应严肃处置法律明令禁止的缠访、闹访、聚众滋事、围堵党政机关等各种违法上访行为；依法追责违反信访工作纪律行为，就是依法严肃查处在群众信访工作中不作为、乱作为和各种违反信访工作纪律的行为，确保群众诉求有效解决；信访法制建设，就是信访立法和信访制度建设，以法律的权威保障和规范群众诉求；评估政策得失，就是开展信访稳定风险评估，分析政策是否有效是否依法，提出完善和调整政策的合理化意见、建议等。需要特别指出的是，法治思维不等于法律思维，法律思维强调的是一种职业化的思维,而法治思维是治国理政的概念,除了依法执法,更包括法治观念、法治价值等层面的问题,其核心问题是以人为本的精神和保障基本人权的思维,这恰恰是信访工作的核心价值。

　　坚持底线思维的理念。一方面,底线思维是法治思维的延伸,即信访秩序不能突破法制约束,形成"破窗效应"。目前,一些上访群体抱着小闹小解决、大闹大解决、不闹不解决的错误认识,采取围堵党政机关、阻断道路交通、聚众示威、穿状衣、打标语、自杀自残等违法手段反映诉求,严重扰乱了社会秩序和正常的工作环境。特别是在少数人的带动下,逐步形成了"效仿效应",法律形同虚设,影响极坏。因此,应下决心依法进行治理,敢于作为,不能一味迁就、没有底线,更不能"法不责众"、放任自流,要形成违法必惩的态势,改变群众预期。另一方面,解决群众问题应量力而行,不能一味满足上访人的过分甚至不合理诉求,守住政策底线,不能做超越发展阶段和现实能力的事,更不能厚此薄彼,谁闹得凶就解决谁的问题,造成新的群众心理失衡和新的矛盾问题。

# 关于做好新时期信访工作调研的认识

信访工作是为党委政府分忧、为人民群众解难的工作,被形象地比喻为社会和谐的"晴雨表"、社会稳定的"风向标"和经济发展的"调节器",它是党的群众工作的重要组成部分,是党和政府工作的重要内容,是构建社会主义和谐社会的基础性工作。准确把握新时期信访稳定工作的特点,深刻剖析新时期信访稳定问题产生的原因,研究、制定、做好新时期信访稳定工作的对策措施,是摆在各级党委政府面前的一项重要课题。

## 一、当前信访工作的特点

从数量上看,信访问题多发。近年,由于国企改制综合治理等问题,信访量逐步下降并保持平稳但省、市级的信访量仍然不少。在深化改革发展,加快推进社会化、城镇化、市场化,法制建设不完善的特殊历史阶段,由于经济体制深刻变革,利益格局深刻调整,思想观念深刻变化,这种信访工作任务繁重的局面还将持续较长时间。

从内容上看,信访问题涉及面广。从以往群众反映的信访诉求来看,群众反映的问题主要包括冬季供热不达标,要求参与棚户区或沉陷区改造,棚户改造回迁安置不及时,道路建筑建设规划不合理、物业失管或管理不到位、征地补偿不到位或不合理、拖欠工资、医患纠纷、环境保护、水库淹地、民师解聘、银行系统人员协解、企业军转干部待遇、退役士兵安置,甚至停电跑水、下水堵塞等等,这些都是与群众切身现实利益息息相关的事项,涉及公用、住建、人社、工信、国土、交通、环保、民政、卫生、教育、法院等所有与群众生产生活密切联系的部门和领域。

从对象上看,上访成分日益复杂。改革开放初期,信访工作的主要任务是拨乱反正,服务对象主要是那些在文革期间被错打为右派的人。经历了近年的国企改制攻坚、采煤沉陷区综合治理,信访部门的服务对象由下岗工人、棚户居民、失地农民,扩大到企业职工、农民工、民办教师、转业干部、小区居民、医患纠纷当事人及家属等各种成分的社会人员。上访人员成分日益复杂,极大地增加了信访工作的难度。

从性质上看,有理诉求仍占多数。通过以往信访事项处理情况来看,绝大部分群众反映的诉求都是有道理或部分有道理的问题,需要相关涉事单位和部门加以解决。通过相关方面协调处理,90%以上的问题得到了及时妥善的解决。对那些不符合现行政策的无理诉求,各级各部门工作人员耐心解释政策,采取思想疏导、帮扶救助等措施,一部分上访人实现了息访罢诉。只有极少数上访人员,在反复工作情况下,固执己见,纠缠不休,最终发展成为钉子户、骨头户。

从行为上看,非访现象亟需治理。从总体上看,大多数群众能够依照有关法律法规,逐级有序反映个人或利益群体的信访诉求。但是,随着信访形势的发展变化,特别是受不良现象影响和经济利益驱动,一些信访人的信访行为超出了正常信访的范畴,提出过高诉求,坚持无理要求。保护理性上访群众的权益,杜绝以闹取利的现象,依法处置恶意非访行为,亟待提出并制定有效措施。

## 二、信访稳定问题的成因

随着社会进入改革发展攻坚期,工业化、城镇化、市场化推进加快,不仅出现经济成分和利益格局多样化、社会生活多样化、社会组织形式多样化、就业岗位形式多样化,而且人们的心理状态、维权意识、利益诉求、价值取向、承受能力、欣赏水平也发生了很大变化。

从经济层面看,在加快推进工业化、城镇化、市场化发展进程中,出现了不平衡、不协调、不可持续的问题,城乡之间发展差距及社会成员之间收入分配差距拉大,群众要求共享改革成果、缩小城乡和收入差距的愿望越来越强烈;随着经济结构战略性调整,企业人员下岗转岗,农村富余劳动力转移就业,引发大量社会问题;推进城镇化、工业化,造成工业用地、城市用地需求急剧增加,使农村征地、城市拆迁矛盾更加集中;粗放型发展方式,社会管理工作不到位,使安全生产、环境保护、产品质量等突发事件发生的几率上升,次生信访问题增多。可以说,改革发展与社会矛盾相伴相生,是一种客观存在的现实情况。

从社会层面看,随着改革的深化,现在机关和企事业单位承担的社会管理功能大部分已经剥离,越来越多的社会成员由"单位人"变成"社会人",加上新的社会阶层不断出现,城乡流动人口大量增加,与城乡结构、就业结构、人口结构、居住结构等种种新变化相对应,我们的社会管理体制与各种结构变化明显不适应。

从文化层面看,改革开放以来,人民群众的思想活动独立性、选择性、多变性明显增强。一方面,人民群众的文化消费多层次、多方面、多样化特点更加明显,求知、求乐、求美的愿望更加强烈,公平意识、民主意识、权利意识、监督意识不断增强。另一方面,市场经济追求利益最大化的负面影响也渗透到经济社会生活的各个角落，毒奶粉、地沟油、染色馒头、瘦肉精等事件，加剧了社会矛盾和冲突。信访方面，一些人以上访为生，获取大量不正当利益，给整个社会诚信、公共道德、法制建设等带来前所未有的挑战。

从工作层面看，当前，群众工作存在一手硬一手软现象，社会管理的理念思路、体制机制、法律政策、方法手段等方面还有不适应的地方，重治标、轻治本，重事后处理、轻源头预防的问题仍比较突出，管理手段单一。机关干部的思想素质、政策水平、办事能力参差不齐，有的不愿做群众工作，有的工作方法简单，有的形式主义、官僚主义严重，有的工作作风不扎实，怕接触群众，见到上访群众躲着走，说的做的不一样，说了不做，听了不信，慢作为、不作为甚至乱作为等脱离群众的现象客观存在。

### 三、做好当前信访工作的措施

完善信访工作领导机制。一是构建责任更加明晰的领导体系。二是在全面落实一岗双责的基础上，建立工作更加务实的例会制度。坚持科学统筹安排发展、民生、稳定重大事项，将信访工作纳入党委、政府议事日程，形成常态化。其中，每半年至少一次专题听取信访情况汇报、安排部署信访重点工作，一次专题听取信访情况汇报、研究解决重大疑难信访问题。三是建设合力更加强大的联席会议。突出信访联席会议的主导作用，在信访联席会议的统一领导下，发挥属地政府和信访、综治、事涉部门的作用，对复杂疑难信访事项、一人有多个诉求等情况，一律由信访联席会议统筹研究解决。

完善信访隐患防范机制。一是严格落实社会风险评估制度。对失业金发放、集体企业改制、三轮车非法营运整治等重大事项决策,加强顶层设计、全面分析研判、提前制定对策,有效防范因政策调整引发的群众上访问题,杜绝因信访稳定风险评估及执行政策不到位引发的群众上访情况。二是严格落实矛盾纠纷排查制度。坚持做到定期排查和重点排查相结合,属地政府排查与部门行业排查相结合,基层组织工作人员经常入户走访,及时发现并报告可能引发越级上访、集体上访的苗头和倾向,对排查出的问题,认真梳理分类,严格落实包案领导和责任单位,把化解矛盾的重心从事后处理转移到事前预防上来。

完善信访诉求表达机制。全面实行"联合接访""局长接待""领导下访",开通"电话信访""绿色邮政""网上信访",搭建"访、电、信、网"多位一体的沟通平台,畅通和拓宽群众诉求表达渠道,方便群众就地就近方便快捷地反映诉求、表达意愿、查询办理情况。在此基础上,一是继续实行律师参与信访接待工作的办法。由司法机关协调安排律师,到信访窗口常态值班,为信访群众提供法律服务。二是积极采取政府购买法律服务工作办法。三是设立法律援助基金会,引导信访群众自己找律师,由该基金会支付律师费用,引导群众依法表达诉求,切实发挥社会中介组织的作用。四是主动开设法律咨询服务热线。聘请律师在线值班。五是拓展延伸法律专家服务机构。在矛盾相对比较集中的社区、乡镇、信访窗口成立法律专家服务站,通过电话等方式为群众提供远程法律服务。

完善信访问题解决机制。一是坚持依法处理的解决办法。坚持法定途径优先,引导信访人通过诉讼、仲裁、行政复议等法定途径解决问题,在法律政策规定的范围内处理,绝不为了暂时解决一个问题而做出一些与政策法律相违背的承诺或决定,避免突破法律政策规定,引发连锁反应,造成被动局面。二是坚持分类处理的解决办法。对信访事项仔细分清简单的、复杂的,个体的、群体的,长期的、暂时的、突发的,初访的、重访的、缠访的、闹访的,有针对性地研究处理方案。对涉及面广、复杂的信访案件,采用综合处理的方法。对历史遗留信访问题,做到审慎处理。对突发的、紧急的群体性事件,第一时间介入,主动快速处理。三是坚持协调联动的解决办法。实行联合接访,把市直重点部门信访机构整合到信访大厅,为信访群众提供一站式接待、一条龙办理、一揽子解决问题的快捷服务,对信访问题涉及的部门和单位多,牵涉到多方的利益,涉及群体复杂的,处理这类问题时,按照信访联席制度,召集相关部门共同协商处理,防止部门各自为政,相互扯皮,影响问题的最终解决。四是坚持多元调解的解决办法。对医患纠纷,及时请第三方专业机构,确保相关问题处理的有效性和公平性。对应当导入法律程序解决的信访问题,特别对那些提出法律援助需求的信访群众,由信访局直接协调法律援助中心,给予免费的法律援助。五是坚持领导包案的解决办法。对基层工作人员解决不了的信访案件,按照分级负责的原则,逐级落实领导包案制度。

# 对加强基层信访干部素质和能力建设的思考

当前,社会矛盾纷繁复杂,群众利益诉求激烈难解,群体性、突发性、影响性事件增多,一些不确定、不稳定、不安定因素依然存在。新形势下的信访工作面临着新的严峻的挑战,也对新时期信访干部提出了一个新的要求。如何更新观念,提高自身的素质和能力,是当前信访工作亟待解决的重要课题。

通过在基层调研,切实感觉到,提高信访干部队伍的素质和能力,关键包含两个方面,一是提高信访干部自身的"内力",二是增强有利于信访干部工作和成长进步的"外力"。

在提高信访干部"内力"这方面,关键是要培养"四力"。

1."脑力"。要立足于"补脑",牢固树立终身学习的理念,以孜孜不倦的精神,经常学习研究有关政策法律法规知识和信访工作基础业务知识,使自己成为信访工作的"活字典""百事通"。要立足于"活脑",多动脑筋想问题,多下功夫研究解决复杂信访问题的办法。要立足于"换脑",打破墨守成规的僵化思想,激发创新意识和创新精神,用新思维对待新事物,用新办法解决新问题。

2."眼力"。一要"高瞻"。站在改革发展稳定大局的高度,站在维护人民群众根本利益的高度,认真研究人民内部矛盾纠纷。二要"远瞩"。在处理社会矛盾时,一定不能搞短期行为,要眼睛向前看,遇事往后想,依据有关政策,合情合理合法进行处理。三要"环视"。做信访工作,解决信访问题,要通盘考虑,客观公正,根据不同矛盾群体合法利益的大小,合理界定群体利益,避免同群体之间的相互攀比,产生连锁反应,激化更多的新矛盾。

3."手力"。运用正确的手法,采取正确的手段,科学把握矛盾和问题发生发展的规律,分清问题的主次、一般和个别、现象和本质,揭示问题的症结,抓住主要矛盾和矛盾的主要方面,坚持运用矛盾普遍性和特殊性原理来研究处理不同类型的人民内部矛盾,做到共性问题统筹解决,个性问题特殊解决。当前,特别要注意及时解决突发性的矛盾或冲突,尤其是群体性事件。

4."心力"。一要有责任心。古人云:"天地生人,有一人当有一人之业;人生在世,生一日当尽一日之责。"强烈的事业心和责任感,是做好一切工作的前提和基础,也是我们成就事业、成长进步永不枯竭的动力源泉。信访工作无小事,每一个信访案件都涉及群众的切身利益。处理好群众反映的问题,是信访干部义不容辞的责任和义务。二要有同情心。要深怀"一枝一叶总关情"的爱民情怀,对待上访群众满腔热情,让上访群众正当合理的要求得到满足,困难和问题得到及时妥善解决。对于群众反映的问题要认真地处理,力争件件有着落、件件有回音,绝不能掉以轻心、敷衍塞责。三要有服务心。坚持"急事急办,特事特办,困难的事努力办,麻烦的事尽力办"的原则,树立"宁可我们千难万难,不让群众一时为难"的服务意识,进一步规范处理群众来信来访工作,明确接待群众的礼貌用语和忌语,改善群众依法信访秩序,实行信访首办责任制,确保接访工作有条不紊地开展。四要有平常心。正确对待工作,正确对待自己,挺得住困难,顶得住压力,忍得住清贫,耐得住寂寞。

在提高信访干部"外力"这方面,关键是要培养"三力"。

1."动力"。要让信访干部工作有动力,发展有奔头。坚持走出去,扩大信访干部交流;坚持推上去,将优秀信访干部人才推荐到更高的发展空间。坚持派下去,让优秀信访干部在经济社会发展的基层实践中再展才干;坚持派进来,将优秀后备干部派到信访部门锻炼,增强信访工作力量。

2."注力"。要注"信任之力",在工作任务上给信访干部加负担,在精神压力上减负,在工作职能上放手。要注"安心之力",为信访干部创造良好的工作环境,适当提高信访干部福利待遇和政治待遇,让信访干部安心、快乐工作。

3."借力"。借助一切力量,调动一切积极因素,协调解决信访突出问题。整合部门优势,推广一站式办公、一条龙服务,推广人民内部矛盾调处中心联动联调联处工作经验;整合群众工作优势,加强群众工作部体制和机制建设;整合社会力量,发动人大代表、政协委员、律师、党员和妇女代表、社会志愿者介入信访工作,帮助正面引导、协调解决信访问题。

# 对经济发展新常态下的信访问题看法

我国经济发展进入新常态,各种新情况、新问题、新矛盾更多更直接地反映到社会稳定领域,新常态下的信访问题也呈现出不同以往的新趋势。

1.诉访分离新政策群众接受难。随着经济社会的不断发展,社会法治化进程的不断加大,人民群众用法律维护自己权益的意识不断加强,利益类涉法涉诉信访案件数量逐年增多。近期国家有关部门为加强信访工作法治化,相继出台了一系列涉法信访案件诉访分离的政策法规,这些政策法规直接明确提出了涉法涉诉信访案件信访部门不予受理的规定。对于部分把上访作为最省时、省力、省钱的维权首选方式的群众来说,对这一规定一时之间难以接受。应该通过司法部门解决的他们不去,已经由司法部门判决的他们不服,司法程序完结的他们不认,他们认为只要闹一闹政府部门就会妥协,帮助其解决,这类案件中缠访闹访的人员居多,解决起来难度大。

2.农村土地确权问题反映集中。近年来,国家土地改革不断深化,一轮、二轮土地承包合同进行更替,林权制度改革加深,确权类问题成为农村土地问题中的主要组成部分。地权、林权成为百姓关注的头等大事,除了自家的地权、林权外,对村集体的土地、林地分配、使用监督意识也显著增强,呈现寸土必争的态势。对已有二轮土地承包合同的土地或者村集体在册地,主体明确,确权相对简单;对村集体机动地、集体林地及村民自己拓建的小片荒地等,主体不明晰,确权困难。事关利益,信访人多以群体形式反映这类问题,表达方式激烈。

3.征地拆迁类问题数量明显增多。农村城镇化进程不断加速,以高铁为主的交通基础设施的全面布局和大力拓——招商引资热潮的到来等等,这些经济发展的每一个步伐都离不开征地拆迁,因征地拆迁引发的信访问题逐渐呈规模型、集约型、尖锐型地爆发出来。首先,随着政策法规的不断完善,征地补偿标准呈现逐年提高的趋势,造成新老征地补偿标准差异大的现象,导致信访人心理失衡。其次,各地区征地补偿标准不统一,补偿方式不一致,信访人产生攀比心理。另外,征地执法过程存在瑕疵,安置补偿到位慢等工作落实不力因素引发上访。

4.实质性问题常向干部作风问题转变。在反映自身诉求时因其反映的问题没有政策依据或者要求过高不被支持,部分信访人将矛头转向处理案件的工作人员,越级到上级部门反映问题,常常是对自己实质性问题避而不谈,揪住办案干部的作风不放。这种现象在反映基层干部作风中最为普遍。因为基层干部是接触群众最直接也最频繁的群体,他们的一言一行时时刻刻在群众的监督之下。信访人由反映信访问题转为针对干部的私人恩怨,由此产生打击报复心理。

5.重要会事节点越级访量增幅明显。重要会事节点期,越级信访量增幅明显,信访量的增加主要以信访老户、信访积案居多。由于常年上访的原因,许多上访老户成了信访的老油条,以熟悉信访部门工作模式为荣,乐此不疲。有些甚至相互串联,传经授道,相互交流越级上访,恶意上访。

针对新形势下信访问题的发展变化,笔者认为应该主要从以下几方面确定工作思路。

1.严格依据法规政策处理信访问题。对有明确法规规定的信访案件守住政策底线，决不能超越政策开口子；对于政策法规新老交替，衔接区有空白的，积极向上级有关部门反映，争取得到上级部门支持，出台相关政策法规的补充规定或解释，从政策中寻找出路。坚持用"问旧事循旧规，干新事依新规，不过度纠缠于历史渊源"的观点处理信访问题，用发展的观念去解决问题，循序渐进，能办快办，不能办的政策诠释清楚，防止好心办坏事，粗心办错事。

2.坚持不懈做好政策解释工作。信访工作是最直接的群众工作，是送上门来的群众工作，要切实转变工作作风，利用群众上访的机会，对他们一时之间不能理解的新规定，用水滴石穿的耐心和润物细无声的恒心做好解释说明工作，将党和政府的政策宣传解释到位。对专业性强、群众对信访部门信任程度弱的热点问题，积极寻求第三方介入，涉法涉诉的请律师介入解答，涉及其他行政审批部门的可向上级部门申请派出人员做解释说明，真正转变其观念，使之心服口服。

3.尝试通过人文关怀触动群众心理防线。对诉求确实没有政策法规依据、反映的问题已经信访程序终结但生活上确有困难的上访群众，争取从生活上对其进行救助，帮助其解决实际困难，将其信访诉求和生活困难问题区别对待，不该妥协的政策法规层面问题，坚决守住底线，该帮助其解决的生活困难，真诚帮助，使上访群众真正感受到政府的关怀和诚意。

4.加强法治宣传，劝诫群众不要越过法律红线。运用电台、网络等媒体进行依法逐级信访法律法规宣传，提前警示信访群众不要触犯法律法规有关规定，规范其依法有序逐级上访。

# 对社会转型期信访工作的认识与对策

党的十八大报告提出,正确处理人民内部矛盾,建立健全党和政府主导的维护群众权益机制,完善信访制度,完善人民调解、行政调解、司法调解联动的工作体系,畅通和规范群众诉求表达、利益协调、权益保障渠道。十八届四中全会通过《中共中央关于全面推进依法治国若干重大问题的决定》。这些都为做好新时期信访稳定工作,推进信访稳定工作规范化、制度化、法制化建设指明了前进方向。对此,各级、各部门要站在党委、政府的角度推进信访工作,站在人民群众的角度解决信访问题,更多更准确地把握群众思想动态,了解群众利益诉求,维护群众合法权益,善于从信访工作的组织实施和信访问题的预防解决等实践过程中,及时发现问题,探索总结规律,整合制度、领导、机构、人力、资金等各方面资源,形成更加高效的信访工作运行机制。

1. 构建责任更加明晰的领导体系。在全面落实一岗双责的基础上,信访维稳工作由分管领导具体负责,县区信访维稳工作由一名主管具体负责,这种责任落实办法,有效解决了以往信访工作中出现的党政领导都管又都不管的问题。

2. 建立工作更加务实的例会制度。坚持科学,统筹安排发展、民生、稳定重大事项,将信访工作纳入党委、政府议事日程,形成常态化。其中,至少半年一次专题听取信访情况汇报,安排部署信访重点工作,信访会议每季度至少一次,专题听取信访情况汇报,研究解决重大疑难信访问题。

3.建设合力更加强大的联席会议。突出信访联席会议的主导作用,在信访联席会议的统一领导下,发挥属地政府和信访、综治、事涉部门的作用,对复杂疑难信访事项、一人有多个诉求等情况,一律由信访联席会议统筹研究解决。

4.加强顶层设计、全面分析研判、提前制定对策,有效防范因政策调整引发的群众上访问题,杜绝因信访稳定风险评估及政策执行不到位引发群众上访的情况发生。

5.严格落实矛盾纠纷排查制度。坚持做到定期排查和重点排查相结合,属地政府排查与部门行业排查相结合,基层组织工作人员经常入户走访,及时发现报告、可能引发越级上访、集体上访的苗头和倾向,对排查出的问题,认真梳理分类,严格落实包案领导和责任单位、责任人,做到发现得早、化解得了、控制得住、处理得好,防止矛盾聚合升级,把化解矛盾的重心从事后处理转移到事前预防上来。

6.完善信访诉求表达机制。全面实行"联合接访""局长接待""领导下访",开通"电话信访""绿色邮政""网上信访",搭建"访、电、信、网"多位一体的沟通平台,畅通和拓宽群众诉求表达渠道,方便群众就地就近方便快捷地反映诉求、表达意愿、查询办理情况。

7.在此基础上,继续实行律师参与信访接待工作办法。由司法机关协调安排律师,到信访窗口常态值班,为信访群众提供法律服务。积极采取政府购买法律服务工作办法,用于购买法律服务。

8.设立法律援助基金。筹措资金成立法律援助基金会,对不信任法律援助机构的,引导信访群众自己找律师,由该基金会支付律师费用,引导群众依法表达诉求,切实发挥社会中介组织的作用。主动开设法律咨询服务热线,聘请律师在线值班,为市民免费提供法律咨询热线服务,在矛盾相对比较集中的社区、乡镇、信访窗口成立法律专家服务站,通过电话等方式为群众提供远程法律服务。

9.完善信访问题解决机制。做好信访稳定工作,归根结底是要落实到解决问题构建和谐社会上来。在解决信访问题过程中,各级、各部门要综合运用法律、政策、经济、行政等手段和咨询、教育、协商、疏导、听证、救助等办法,对群众合理诉求解决到位、思想疙瘩教育疏导到位、生活困难的帮扶救助到位,努力做到案结事了、停诉息访。

10.坚持依法处理的解决办法。坚持依法依规按政策调解处理信访案件,在法律政策规定的范围内处理,绝不为了暂时解决一个问题而做出一些与政策法律违背的承诺或决定,避免突破法律政策规定,引发连锁反应,造成被动局面。对能够解决的信访问题,牢固树立"三个舍得,一个坚持"的工作理念,即舍得花时间、舍得花精力、舍得花金钱,坚持一抓到底。坚持分类处理的解决办法。对信访事项仔细分清简单的、复杂的,个体的、群体的,长期的、暂时的、突发的、初访的、重访的、缠访的、闹访的,有针对性地研究处理方案。对涉及面广、复杂的信访案件,采用综合处理的方法。对历史遗留的信访问题,做到审慎处理。对突发的、紧急的群体性事件,第一时间介入,主动快速处理。坚持协调联动的解决办法。实行联合接访,把市直重点部门信访机构整合到信访大厅,为信访群众提供一站式接待、一条龙办理、一揽子解决问题的快捷服务,对信访问题涉及部门和单位多、牵涉多方利益、涉及群体复杂的,处理这类问题时,按照信访联席制度,召集相关部门共同协商处理,防止部门各自为政,相互扯皮,影响问题的最终解决。坚持多元调解的解决办法。如对医患纠纷,市医疗纠纷调解委员会介入,确保相关问题处理的有效性和公平性。坚持领导包案的解决办法。对基层工作人员解决不了的信访案件,按照分级负责的原则,逐级落实领导包案制度。

# 对信访工作与法律服务相结合实践的思考

信访是社会组织管理者与管理相对人之间的一种社会活动。信访作为一种社会活动，早在我国古代即已产生、存在并发展。但"信访"一词是经历了长期的历史发展才被确定下来的。《信访条例》规定，信访是指公民、法人和其他组织采用书信、电话、走访等形式，向各级人民政府、县级以上各级人民政府所属部门反映情况，提出意见、建议和要求，依法应当由有关行政部门处理的活动。因此，《信访条例》的颁布和实施，标志着我国信访工作纳入了法制化轨道。同时，也使法律服务介入到信访工作中，为走信访与法律服务相结合之路提供了法律依据。在此，对信访与法律服务相结合试做初析。

## 一、信访与法律服务相结合的必要性

1.从信访工作的原则看。信访工作是一项政治性、政策性、法律性很强的工作。《信访条例》的颁布，解决了处理信访问题中的程序性问题和法律依据问题，但解决实质性的具体问题仍需要遵循信访工作的基本原则。信访工作的基本原则就是处理信访问题的基准，包括：(1)坚持按照有关法律、法规、政策规定的原则；(2)坚持实事求是，以事实为依据的原则;(3)坚持政策的原则性与灵活性相统一的原则;(4)坚持思想疏导与解决实际问题相结合的原则;(5)坚持分级负责、归口办理与就地解决问题的原则。

2.从信访工作的属性看。《信访条例》作为国家的行政法规,它明确了信访工作的领导、领导机关的职责以及领导干部对信访工作应负的责任等。可以说,信访工作是各级行政机关和各级行政机关负责人的一项重要工作,而不仅是信访部门和信访部门干部的工作。各级人民政府、各级行政机关以及各级行政机关的负责人,通过政府法律顾问提供法律服务,依法行政,为今后做好信访工作创造了有利条件。

建设社会主义政治文明是新时期的一项重要任务,人民当家做主是社会主义民主政治的本质要求。信访工作是政府联系人民群众的桥梁和纽带,是维护和实现人民民主权利的重要途径,与政治文明息息相关,是社会主义政治建设的一个重要方面。同时,依法治国方略的实施,对提高全民的法律素质提出了新的更高的要求。信访与法律服务相结合,可以使信访人的法律知识不断丰富,法律素质不断提高,依法维权能力不断增强,从而促进信访的依法治理,形成良好的法治氛围。有利于调动群众行使民主权利、参与国家管理的积极性,有利于社会主义政治文明的健康发展。

3.从信访工作的内容看。信访工作的内容是指信访人来信来访反映的信访事项。根据《信访条例》第十四条规定:"信访人对下列事项,可以向有关行政机关提出:(1)对行政机关及其工作人员的批评、建议和要求;(2)检举、揭发行政机关工作人员的违法失职行为;(3)控告侵害自己合法权益的行为;(4)其他信访事项。"由此看来信访内容极为广泛,既不受时空限制又不受地域限制。

4.从信访工作的职责看。信访部门工作的职责包括:(1)为党和政府的中心工作服务;(2)按照党和政府的有关政策规定,实事求是地处理人民群众的信访问题;(3)向党和政府及领导人反映信访情况,提供有价值的信访信息;(4)正确处理人民内部矛盾,调整信访关系,促进信访矛盾的转化,维护社会安定团结;(5)发扬社会主义民主,维护人民群众的合法权益;(6)根据信访工作机构的权限来决定办理事项的方式。

5.从信访工作的特点看。随着改革开放的深入和民主法治建设的进步,信访工作也发生了许多变化。一是信访总量上升。二是信访内容也发生了很大的变化,主要是改革发展过程中的一些问题,涉及群众政治、经济、生活等切身利益的问题大幅上升,三是信访群众要求解决问题的心情急切,有的甚至表现较激烈,集体上访、越级上访有所增多。出现信访问题,既有改革开放所面临的问题,更有工作不到位甚至失误的地方。上访人还不习惯于寻找司法途径解决,即使信访部门工作人员依据《信访条例》行使告知义务,也难以收到显著的效果。实践证明,奉法者强则信访易,奉法者弱则信访难。

## 二、信访与法律服务相结合的可行性

1.指导思想。以"依法治国"方略为总纲,以《信访条例》等相关法律、法规和政策为依据,以加速推进实现社会法治化为目标,以依法做好信访工作为重点,以提高依法行政、依法决策、公正司法,切实维护信访人的合法权益为目的。坚持法制宣传教育与依法疏导、法律服务相结合的方法,充分发挥律师、公证、基层法律服务的职能作用,扩大法律咨询、法律宣传、法律援助等法律服务的覆盖面,积极探索信访与法律服务相结合的新路子,促进司法公正和完善社会其在保障方面的积极作用,推动依法信访,推进依法行政,维护社会稳定,为经济和社会事业的发展创造良好的社会环境。

2.机构设置。建立法律顾问室。实施司法行政工作律师、公证、基层法律服务"大服务"的战略,在各级信访部门建立信访法律顾问室工作机构。司法行政机关选派政治素质高、业务水平强的律师、公证人员、基层法律服务人员驻法律顾问室开展工作;建立法律援助部。根据国务院《法律援助条例》规定:"公民对下列需要代理的事项,因经济困难没有委托代理人的,可以向法律援助机构申请法律援助:(1)依法请求国家赔偿的;(2)请求给予社会保险待遇或者最低生活保障待遇的;(3)请求发给抚恤金、救济金的;(4)请求给予赡养费、抚养费、扶养费的;(5)请求支付劳动报酬的;(6)主张因见义勇为行为产生的民事权益的。"在各级信访部门建立信访法律援助工作机制,与法律服务室联合办公,直接接待和受理法律援助案件。

3.主要职责。提供法律咨询服务。为信访人解释相关的法律、法规和有关条款,引导群众依靠法律、法规解决问题。提供法律宣传服务。向信访人宣传国家有关法律、法规,有针对性地做好信访人的思想工作,依法维护其合法权益,规范其信访行为。提供依法疏导和分流服务。对信访人的信访案件,需要通过调解复议、仲裁、诉讼程序解决的,要积极引导信访人依法处理。提供法律援助服务。对符合法律援助条件的信访人,要认真做好接待登记和审查工作,并依《法律援助条例》的规定组织实施。提供相关法律服务。律师对有诉讼要求、符合律师收案条件的信访人要告知其到律师事务所,依法办理委托手续。

4.职能划分。法律顾问室(法律援助部)的工作职能。承担信访部门的法律顾问工作,负责对值日的律师、公证员、基层法律服务工作者的日常考核、评价及管理工作;定期向司法行政部门汇报相关工作;对律师、公证员、基层法律服务工作者介入信访工作提出意见和建议;探索律师、公证员、基层法律服务工作者介入信访工作的有效途径和办法等。值日律师、公证员基层法律服务工作者的职责。依法接待信访人上访,提供法律咨询、法律宣传和法律服务,依法为信访人提供切实可行的司法建议;做到热情接待,周到服务,准确解答;严格遵守信访纪律和司法行政机关制定的各项制度。信访部门在与法律服务结合中的职责。为信访与法律服务结合中律师、公证员或乡镇法律服务工作者提供必要的办公条件;指派专人负责此项工作,并做好辅助性工作;根据律师、公证员或乡镇法律工作者提供的法律咨询意见和建议,及时分流、疏导和处理相关信访事项;需要律师、公证员、基层法律服务工作者提供法律论证意见、出具法律意见书或参加案件协调会、听证会来处理重大疑难信访案件的,信访部门则应提前向律师、公证员或基层法律服务工作者提供相关资料,以确保其能及时、客观、公正地提供法律服务;定期通报、总结、交流信访与法律服务相结合的信息;为司法行政机关以及律师、公证员或基层法律服务工作者提供有关的信访文件和信息资料。

5.保障措施。建立主任负责制度。律师事务所、公证处、基层法律服务所主任要带头值日,做出表率,并作为第一责任人,对介入依法信访负全责,确保工作规范有序的开展,高速运行。建立考评制度。实行律师、公证员、基层法律服务所考勤制,强化对律师、公证员、基层法律服务所值日工作的日常管理;对参与值班的律师、公证员、基层法律服务工作者的考核管理,由各级司法行政机关和信访部门负责。对不适合参与此项工作的律师、公证员、基层法律服务工作者,要及时调换。建立信息通报制度。司法行政部门要与信访部门建立正常的信息通报制度,对律师、公证员、基层法律服务工作者介入信访工作中所遇到的相关问题,进行协商和处理。建立过错责任追究制度。律师、公证员、基层法律服务工作者不按要求介入信访工作,违反职业道德、破坏工作制度,造成不良影响的,司法行政部门要给予纪律处分。建立工作文书档案制度。对律师、公证员、基层法律服务工作者参与处理的信访案件进行分类归档,既可以增强工作人员的责任感和使命感,又可以为以后处理同类涉法信访案件提供"判例"参考。建立经费保障制度。积极争取将信访与法律服务相结合的工作经费纳入财政预算。经费尚没有纳入政府财政预算的地方,司法行政机关、信访部门要积极向党政领导汇报,主动与财政部门沟通,力争将信访与法律服务相结合工作的经费列入各级财政预算,建立起政府对信访与法律服务相结合的最低经费保障。

# 对创新社会治理体制中的
# 信访工作的思考

党的十八届三中全会《决定》指出："创新社会治理,必须着眼于维护最广大人民根本利益,最大限度增加和谐因素,增加社会发展活力,提高社会治理水平。"信访工作属于社会治理范畴。在创新社会治理体制过程中,信访工作如何做?如何进行改革?如何发挥应有的作用?随着我国改革的纵深发展,社会本身的复杂化、多元化进一步体现,社会治理的重要性更为凸显,这是应该认真思考的问题。

近年来,由"社会管理"到"社会治理"的变化,"社会管理"更多地强调管理者与被管理者的关系。在管理主体上重政府作用轻多元参与,在管理手段上重行政手段轻法制规范和道德自律,在管理方式上重管控控制轻合作协调,在管理环节上重事后处置轻源头治理。而"社会治理"是一个现代文明体系的概念,更加注重发挥群众的作用,更加强调多元参与和双向互动,更加突出公正价值的优先地位和对程序与效率的根源塑造,并将人民福祉作为治理的出发点和落脚点。可以说,从"社会管理"变为"社会治理",在理念创新上向前迈了一大步,政府代替社会包办一切社会事务既不可能也没有效率。信访制度作为中国特色社会主义制度的有机组成部分,信访工作作为密切联系群众的重要渠道和构建和谐社会的基础性工作,要在创新社会治理体制中大有作为,必须顺应形势和任务的新变化,顺应信访群众的新期待,转换思路,改进方式,改革信访工作制度,激发信访工作活力。

1.坚持系统治理,要求尊重信访群众主体地位,提高做好新形势下群众工作的能力。马克思主义原理历来强调,人民是社会的主体,是社会变革的决定力量。在社会不断发展和进步的今天,社会治理在强调加强党的领导、发挥政府主导作用的前提下,鼓励和支持社会各方面参与,实现政府治理和社会自我调节、居民自治良性互动。适应这种变化,信访部门要克服以往重管理轻服务等不良惯性,牢固树立宗旨意识,强化群众观念,在换位思考中践行群众路线,自觉做到服务大局、服务改革、服务群众、服务基层。要重视传统信访渠道的畅通,进一步规范信访事项受理办理程序,认真处理初信初访,提高信访群众满意度。要实行网上受理信访制度,大力推行阳光信访,推进信访工作信息化建设,增强信访工作透明度和公正性。要把信访事项受理、办理和答复等重要环节公开,实现可查询、可跟踪、可督办、可评价,把处理工作置于信访群众的监督、裁判之下。要把群众工作贯穿于信访工作全过程,转变工作作风,创新工作方法,使信访干部成为群众工作的行家里手。

2.要求运用法治思维和法治方式,坚持依法治理,努力维护信访群众的合法权益。法治是社会治理的最基本原则,严格遵循法治是实现国家治理现代化的正确轨道。加强法治保障任务艰巨。解决信访问题,做好信访工作,最根本要靠法治。要坚持以法律为准绳、以事实为依据,把解决信访群众合理合法利益诉求作为信访工作核心,全面回应群众关切的问题,促进社会和谐稳定发展。要教育引导群众以理性合法的方式逐级表达诉求,保护合法信访,制止违法闹访,维护正常的信访秩序和社会秩序。要严格实行诉讼与信访分离,改革涉法涉诉信访工作机制,完善诉讼、仲裁、行政复议等法定诉求表达方式,使合理合法诉求通过法律程序得到解决。要建立涉法涉诉信访依法终结制度,健全国家司法救助制度,依法保障人民合法权益,依法维护公正结论,实现维护群众合法权益与维护司法权威的统一。

3.要求发挥信访部门综合协调作用,坚持综合治理,形成齐抓共管的工作合力。社会治理涵盖面宽,涉及的领域十分广泛。社会治理方式多种多样,包括法律、政策、经济、行政等手段和教育、协调、调解、疏导等办法。唯有综合施治,方能"强化道德约束,规范社会行为,调节利益关系,协调社会矛盾,解决社会问题"。信访工作本身就是一项综合性很强的工作,在社会治理中有着不可替代的作用。要健全统筹督查督办信访事项工作机制,重视群众反映强烈、社会关注度高的重要问题,加大解决信访突出问题的力度,加强对重点地区、重点领域、重点问题的跟踪督查和问效。要完善解决特殊疑难信访问题机制,做到诉求合理的解决问题到位,诉求无理的思想教育到位,生活困难的帮扶救助到位,行为违法的依法进行处理。要建立健全信访事项协商会办等制度,着力化解"三跨三分离"信访事项,完善信访听证、评议制度,规范信访事项复查复核工作。我们要通过高效的工作努力——实现。

4.要求夯实信访工作基层基础,坚持源头治理,及时就地化解信访矛盾和问题。社会治理从源头抓起,减少社会问题的发生,把社会矛盾化解在初发阶段和萌芽状态,不使其积累和激化,这是治本之策,也是治理能力的表现。社会学里"有机社会"区别于"机械社会"。在"有机社会"里,群众既是积极参与者,又是行动受益者,处处充满能动性与活力,他们的利益与自治活动融合在一起。信访工作直接和群众打交道,处在化解矛盾、解决问题的第一线,群众也愿意通过信访渠道反映诉求、表达心声。信访工作在源头治理中的优势显而易见。一方面，要整合力量，建立健全基层综治维稳信访工作平台，加强制度建设，做到有人办事、有钱办事、有制度机制保障办事。另一方面，要把握重点，抓住信访问题中保障和改善民生这个关键，及时反映和协调群众各方面各层次的利益诉求，满足他们的正当要求。信访部门要始终站在群众立场上考虑问题，促进科学民主决策，坚持标本兼治，重在治本。在处理信访问题的同时，把工作关口前移，组织动员广大基层干部群众，扎实做好矛盾纠纷排查化解工作，力争小问题不出村居、社区，大问题不出乡镇、街道。全面深化改革总目标的完整含义，一是完善和发展中国特色社会主义制度，二是推进国家治理体系和治理能力现代化。国家治理体系和治理能力是一个国家制度和制度执行力的集中体现，社会治理为其子系统。我们要在本职岗位上为创新社会治理体制多做贡献，一步一个脚印地推进国家治理现代化！

# 对运用调解化解信访矛盾的实践与思考

党的十八届四中全会《决定》明确指出:"把信访纳入法治化轨道,保障合理合法诉求依照法律规定和程序就能得到合理合法的结果。"在信访工作实践中,信访调解是化解信访案件的重要手段。对信访调解方式的规范化研究有利于纠正信访调解在基层实际运用中存在的问题。本文从基层信访的视角,探讨信访调解工作。

## 一、基层信访调解的看法

在我国的传统文化中,群众喜欢讲究"人情世故",也最容易对人的心理认同起催化作用。在一般情况下,司法救济是根据法律规定办事,而调解是由"人"在很大程度上解决这个问题,其最大的优势在于"人性化"。出现家长里短、邻里纠纷,政府插手并不容易解决问题,反而是双方当事人都熟悉和信任的人,亦或是乡村干部出面"说两句"更有利于双方的和解。

基层信访调解的形式灵活多变、不拘一格。随着信访案件的不同,工作方式也在不断变化。在信访工作中,信访调解员大多采取和群众聊天、拉家常的方式,容易让群众冷静下来,产生心理上的信任感,心平气和的反映问题。这样不仅可以根据法律法规来解决问题，而且也顾及到矛盾处理的道德观念、情理要求，使得纠纷处理结果合法合理合情，实现"情""理""法"的统一，从而找到解决问题的有效办法。调解因其程序的简易和方便——有时一次调解在几个小时内就能结案——使得处理问题的效率高于法律程序。信访调解作为国家为公众提供的行政服务，对信访群众反映的问题无偿调解，与高昂的律师费、诉讼费和诉讼时间成本相比较，群众解决纠纷时更愿意选择信访渠道。

信访制度设计的初衷是给民众提供一个表达的渠道，但是从实际运行来看，信访更多的是充当权利救济、解决纠纷的角色，其功能的转变和延伸体现出的是顺应民意、以人为本的原则。信访调解更具有人文关怀的色彩，有利于矛盾纠纷的解决。

## 二、基层信访调解存在的主要问题

从现实运作来看，信访调解程序不规范。领导是否重视决定了信访的问题能否及时尽快地解决。如果领导作出了要求尽快解决的批示往往可以迅速解决，反之则会拖延很久甚至如泥牛入海没有音信。通过领导批示来解决信访问题的解决纠纷机制充满了随意和变数。有时信访人明显没有法律和政策依据，但为了停访息诉，最后还是给予了一定的救济。这种变通的救济依赖于"特事特办"，依赖于领导批示而非《信访条例》规定的处理权限与处理流程。

基层信访调解能力有限。新时期信访案件比较复杂，涉及多个方面，往往涉及民政、社保、司法、城建、城管、环卫、环保、农业、计生等多家单位。基层信访调解主体单一，调解的效率较低，解决问题的时间长，发挥的作用有限，往往需要多个部门联合参与，这也使一些初信初访案件得不到及时解决，成为信访积案。

从信访调解的性质可以看出，信访调解缺乏法律执行力。信访调解不是一种行政行为，也不是一种必经的工作程序，因此，它不具有行政行为的公定力、确定力、约束力和执行力。信访调解协议不具备法律效力。对于当事人之间达成的调解协议，在另一方不履行协议时，不能依据调解协议向相关部门要求强制执行。部分信访疑难案件，特别是一些老案、积案并未真正实现"案结事了人和"，一些涉法涉诉上访人员思想固执，不断上访，一些进京非访人员之间相互攀比挑拨、出谋划策，使得一些原已解决、信访人已签定停诉息访承诺书的案件出现反复，信访调解工作任重道远。

涉法涉诉类信访往往是当事人对案件原审判结果不服而采取的一种活动，信访调解范围不规范。此类信访实际上具有申诉的性质。《信访条例》中涉法涉诉类案件不予受理、调解的规定，在面对进京上访、集体上访、越级上访时，实际上并未得到严格执行。这是由于对基层信访绩效考核主要针对信访量——尤其是"三访"数量，并未区分这些案件中是否有涉法涉诉类案件，这就使得信访部门倾向于不限制案件调解的范围，未按照《信访条例》的规定处理。信访调解范围不规范，使一些应当走入司法渠道的案件转向信访，导致群众盲目上访。

## 三、基层信访调解法治化的建议

确立信访调解的规范性。一是明确信访调解的范围。根据《信访条例》第二条的规定，我们可依据信访的具体内容将信访事项分为建议类信访和投诉类信访两大类。对于建议类信访，由于不涉及具体矛盾，因此只需按相关程序转交处理即可。对于涉法涉诉类信访不在受理调解范围内。实践中遇到最多的是投诉类信访事项,比如城镇房屋拆迁、农村土地征用、劳动和社保等问题。由于它们所涉及的是具体的矛盾,是群众急需解决的问题,因此也是信访调解的主要范围。二是规范信访调解的程序。调解的启动可以有两种方式,一为当事人申请,二为信访部门提议经当事人同意调解的。第一种方式是指当事人认为需要调解的,可以向信访部门提出调解的申请,经信访部门审查符合调解条件的,才予以受理。第二种方式是指信访部门认为信访事项确有必要进行调解,且调解达成协议的希望较大的,应主动劝说当事人进行调解。在调解方式方面,可由信访部门指定一至三人担任调解员,必要时也可邀请有关单位和个人协助调解。当事人对调解员的组成有异议的,可以提出回避申请。调解员在查明事实,充分了解信访人的诉求及被访单位工作情况的基础上,采取灵活多样的方式进行疏导、劝说、协调,促使双方互相谅解,引导、帮助双方达成和解协议。经调解达成和解协议的,由信访部门根据调解双方达成的和解协议制作信访调解书,经双方签字盖章并送达后生效。

　　加强信访调解员选拔和培训管理,加强信访队伍法治建设。严格规范任职资格和选拔程序,挑选一批"懂政策,懂法律,会调解,办成事"的信访工作人员,调任到各级信访部门的群众调解岗位上来,建立起一支素质过硬、结构合理、作风优良的信访调解队伍。定期组织法官、律师深入基层信访部门参与调解工作。定期邀请心理专家对信访工作人员进行系统的培训,也可以鼓励他们通过司法考试和心理咨询师培训考试,使所有的信访工作人员都熟悉一定的法律和心理学知识,具备对信访群众进行法律指导和心理疏导的能力,更好地为信访群众提供服务。

　　强化信访听证制度。就是以听证为平台,以调解为手段,把行政决策听证制度引入信访工作当中,对一些久拖不决的疑难信访案件，基层信访部门负责组织相关单位领导及办案人员、专家学者、律师、信访人、群众等共同参与，通过公平调解以达到解决信访问题的目的。信访听证可以给当事人提供表达自己观点的机会，首先从程序上就保护了信访人的合法权利。其次，信访听证搭建起公民与国家机关平等对话、社会多方参与的平台，可最终实现信访处理过程公开化、民主化、公正化、科学化乃至法治化。信访听证使信访人的知情权、申诉权得到充分尊重，使信访人真心感受到信访权益得到了充分保障。同时，相关部门和社会人士的参与也可以有力地促使信访人的信访事项依法终结，有利于提高信访部门的公信力。

推行律师参与调解制度。通过律师参与涉法涉讼信访案件，很多重复上访者可以直接进入司法途径，找准路子，有效降低信访成本。由于律师不是政府人员，同时又与争议案件无关，在很多情况下，作为第三方意见更容易被群众接受。通过律师的法律引导和帮助，把应该走法律程序解决的信访问题引入法律轨道，或引导矛盾双方在诉讼外自行调解。对涉法涉诉类信访案件，及时提供法律援助，帮助信访群众维护合法权益。对事实清楚、适用法律正确，由于信访群众对法律和政策理解不清楚或自身认识上难以接受而引发的信访案件，律师则做好法律政策解释和疏导工作。建立信访律师室，让律师以客观公正的第三方的身份出现，把原本应该依法解决的信访问题从政治层面剥离出来，重新走入法律程序，这是符合依法行政要求的。

# 关于建立信访工作下基层的调查与思考

近年来,各地信访工作实际坚持重心下沉、关口前移,积极探索建立信访工作下基层制度,着力将社会矛盾有效化解在源头,把信访问题妥善解决在基层。

## 一、推动信访工作下基层的探索和实践

近年来,以开展新时期群众工作试点为契机,探索实践信访工作下基层体制机制,推动信访问题及时就地化解,促进了信访工作的良性发展。

立体工作网络进一步构筑。在市、县(市、区)、乡镇(街道)、村(社区)、村(居)民小组五级建立群众工作机构,并在市、县两级部分职能部门设立信访科(股)室。在市、县(市、区)、乡镇(街道)建立矛盾纠纷大调解协调中心,在市、县两级司法、法制、法院建立人民调解中心、行政调解中心和司法调解中心,在村(社区)和相关单位建立调解室,基本形成覆盖各区域、各行业及社会管理各方面的"大调解"组织网络。

源头预防机制进一步健全。探索建立点、线、面相结合的党群干群"大沟通"机制,增强了基层民意获取的实效性,提高了防患矛盾纠纷的针对性。建立健全矛盾纠纷排查化解机制,实行市、县两级每月、乡镇(街道)每旬、村(社区)每周、村

（居）民小组每日排查化解制度。制定落实信访稳定风险评估实施细则、问责办法等机制，重大决策出台、重大事项决定、重大项目推进前组织开展信访稳定风险评估。

多元表达渠道进一步畅通。整合职能部门进驻市、县两级群众来访接待中心，开展联合接访；开通人民来信"绿色邮政"，设立市（县）长热线和信访热线电话，设立书记信箱、市（县）长信箱等网上信访平台，基本构建起信、访、网、电一体化的诉求平台。

事要解决，责任进一步强化。制定落实领导干部阅批来信、定期接访、包案处理、带案下访等制度。落实逐级负责制、部门责任制，推动基层积极主动解决好群众诉求。加大信访工作过程管理，健全完善目标考核、督查通报、责任追究等制度，切实将信访工作责任落实到每个环节。

## 二、当前基层信访工作存在的问题

在信访工作下基层的探索过程中，虽然取得了一定成效，但很多亟待解决的问题仍制约着信访工作深入开展，主要表现在以下方面。

一些地方工作理念偏差。一些地方对信访工作重安排、轻落实，工作存在盲点误区；信访工作理念陈旧，习惯采用堵防管控手段，缺乏用群众工作统揽信访工作的新理念。

基层干部宗旨意识欠缺。一些领导干部尤其是基层领导干部宗旨意识不强，轻视群众诉求，侵害群众利益，引起群众不满；主动下基层意愿不强，联系发动群众能力不高，做深做细做实群众工作意识不强，不愿不善不会做群众工作，造成基层干群对立的局面。

基层基础作用发挥不好。一些地方基层基础工作不够扎实，干部素质参差不齐，业务培训存在盲点，交流使用情况不佳,工作积极性未能很好调动,主观能动性没切实发挥;一些地方群众工作网络名存实亡,人、财、物没有向基层倾斜,社会矛盾预防和化解在基层的效果不好,导致矛盾上交、信访上行。

推进事要解决执行不力。一些单位作风不佳,对群众诉求敷衍搪塞,对上级或领导批示交办的信访事项推诿扯皮、拖而不办,导致基层干部群众基础缺失,基层政府公信力降低,造成信件高递、人员高访。

政策法规宣传效果不佳。一些基层干部政策法规知识欠缺,工作存在盲区,效果不甚理想,对群众认识上的误区、理解上的偏差难以有效解释沟通,引导群众依法信访、理性维权效果不佳。

### 三、建立信访工作下基层制度的对策和建议

针对当前信访工作存在的问题,结合在基层调研中发现的部分初见成效的"试水"性做法,对建立信访工作下基层制度提出如下对策和建议。

群众路线教育向基层推进。一是进入中心组学习安排。各级党委(党组)中心组理论学习每年至少安排一次群众工作方面的内容,党委常委会每半年、政府常务会每季度至少听取研究一次群众或信访方面的工作。二是纳入党校课程计划。将群众路线方面知识纳入各级党校培训课程计划。三是深入基层常态开展。制定群众路线教育长效机制,每年在全市开展"六民"(到民间、察民情、纳民智、解民困、助民富、聚民心)主题实践活动。

领导接访下访向基层着力。一是全面开展联动接访。每月确定一天为"全市大接访日",开展三级联动接访,由市、县、乡三级领导分别到联系的县、乡、村坐班接访。二是探索建立视频接访。引入信息化技术手段,在市、县、乡信访机构

设置视频接访室,实现三级异地共同接访。三是细化量化带案下访。将疑难信访案件纳入领导干部下访案件中,带案深入实地分析研究问题,督促责任部门及时解决,同时完善督查反馈机制,加强跟踪回访落实,对领导带案下访案件解决情况做好考核。

包片联系责任向基层扩展。一是划分联系片区。实行市、县、乡三级领导包片联系,市、县职能部门驻点联系制度,做到群众和信访工作包片和驻点联系全覆盖,责任片区困难群众联系全覆盖。二是强化联系责任。按照"包发展,包服务,包教育,包帮扶"要求,包片联系领导定期深入联系片区,调研、指导群众信访工作,督办疑难案件;驻点职能部门主动深入联系点,开展政策法规宣传,搞好发展规划帮扶,协调解决民生问题,抓好困难群众救助,协助排查化解不稳定因素。三是丰富联系内容。组织开展群众意见建议征集活动,在定政策、做决策、上项目时,包片联系领导、驻点联系部门主动深入联系片区和联系点,广泛征集群众意见和建议,促进科学决策、民主决策。

政策法规宣讲向基层延伸。一是领导讲法。组织开展"会前讲法"活动,各级党委常委会、政府常务会或部门党委(党组)会前,安排一名领导干部讲法,引导各级领导干部树牢依法治国理念,提高依法执政水平。二是干部讲课。坚持统一组织与分散组织相结合,组织干部宣讲队伍深入基层,引导群众正确理解政策法规,依法文明有序信访。三是专家讲座。依托村(社区)组织活动场所、远程教育等阵地,组织各类专家开展实用技能讲座,提高群众致富创业本领,引导群众通过自身发展解决生产生活困难。四是法官讲案。以"巡回法庭"为载体,将法官讲案融入"巡回法庭",主审法官结合案情讲课,引导群众增强学法、遵法、守法、用法意识。五是百姓讲坛。创新社会管理方式,开设"百姓讲坛",定期抽选一些群众代表,讲解致富经、创业经、调解经、敬老经等,引导群众谋发展、解纠纷、促和谐。六是代表讲评。聘选部分党代表、人大代表、政协委员或离退休老干部,定期或不定期对领导包案化解疑难信访案件情况、责任单位解决突出信访问题情况进行讲评和测评,注重测评结果的使用,引导各级干部认真落实"一岗双责"制度。

督查指导工作向基层深入。一是加强基层业务工作指导。各级联席会议主动深入基层一线,有针对性地加强业务工作指导,提高基层化解社会矛盾、维护社会稳定的能力。二是强化基层执行力督办。改进督查督办方法,综合运用电文催办、会议商办、现场查办、调查协办、跟踪督办等方式,加大对基层信访工作执行力的督办,确保工作安排部署落实到位,案件协调化解到位。三是抓好基层信访工作通报。调整信访工作通报重点,突出工作绩效通报,重点通报处置情况、老案化解率和停诉息访率,并直接通报到基层责任单位,引导基层将工作重心由堵防管控转变到事要解决上来。四是搞好基层"三无"创建引导。组织开展"无进京赴省到市非正常上访、无群体性事件和集体上访、无重复上访和信访积案"的"三无"乡镇(街道)、村(社区)创建活动,定期进行表彰奖励。

干部队伍建设向基层倾斜。一是充实基层信访工作力量。按人口总数一定比例配备县级信访部门人员,将信访工作网络向企业延伸,设立企业信访工作室(站)。二是狠抓基层信访干部培训。科学制定培训规划,每年对全市信访部门领导班子轮训一遍,每两年对全市信访干部轮训一遍,做到分级分类和全员培训。三是强化信访岗位锻炼。有计划地从基层一线和综合职能部门选派后备干部、优秀中青年干部和专业型人才到信访部门挂职锻炼,提高其解决复杂问题的能力。四是加大信访干部交流使用。对在信访岗位上工作一定年限的干部,有计划进行交流使用。

# 做好初信初访的思考

在办理初信初访的信访事项中,为进一步做实做好初信初访事项的办理工作,应遵循以下几点意见来开展工作。

1.事权部门或单位按规定的期限和实体性程序受理后,在明确包案领导、具体承办案件人员后,告知信访人并报本级信访局备案,达到"件件有人管"。

2.具体办案人员在了解情况阅信后,首先同信访人见面,进一步了解信访人所反映的问题的事实和理由及具体诉求。在双方明确所反映的诉求及有关情况后进行正式调查前,并填制信访人认可的书面据实反映问题和具体诉求的确认保证书,为逐一逐项调查答复做好前期准备。

3.在具体办案人员进行调查核实中,可邀请信访人参与实地核实,查阅相关资料及说明情况;并对所调查的笔录和信访人直接参与调查核实认可的各种事实资料等进行签字确认留存归档。要一事一证,对调查笔录及证据搜集要将来源出处和经办人等情况一一列出,确保证据真实、有效,充分体现信访人的知情权、参与权。

4.在调查核实取证结束后,形成调查报告,同信访人见面并反馈,如信访人对某一事实认为调查不实、不清、不准的,应充分听取信访人的意见,针对存在的问题继续开展进一步调查核实工作,直至信访人对全部调查核实中的事实部分无任何异议为止,并同信访人签定事实清楚认可确认书,用来落实事权部门工作责任,以保证在复查复核工作中节省时间、提高质量和效率,为有效准确处理答复做充分准备。

5.办案人员根据调查核实认定的事实资料等情况,针对所掌握的问题和事实,按照相关的政策、法律、法规、规章等具体条款比照认定,坚持公平、公正、公开的原则,提出初步书面处理意见书,对所引用的政策、法律、法规等条款要引用原文并注明出处,报本单位或部门包案领导审阅。

6.负责包案的领导对该信访事项的初步处理意见初审后,提交给本单位或部门党政联席会或镇长(局长)办公会等会议充分讨论、研究、审定所调查办理的案件是否符合办案的基本要求,即"事实清楚、证据确凿、定性准确、处理恰当、手续完备、程序合法"。事权部门按规定的期限和程序办理后,形成本单位或部门的处理意见书。对会议研究的有关情况记录等均要存档。

7.办案人员要将本单位或部门出具的处理意见书直接送达给信访人本人,并履行签收手续,做到"事事有回音"。如信访人对处理意见书不认可,要详细听取并记录不认可的原因、理由等,并做进一步的释法明理、耐心的教育疏导工作,同时要向单位领导汇报,来确认信访人不认可的理由是否有合理部分,如有,应积极认真采纳,如无,则做好耐心的思想疏导工作。对信访人确因生活困难的,要结合实际,帮扶救助到位。同时事权部门要落实信访处理意见书的处理意见,信访局要督促检查意见的落实执行情况。

8.如信访人仍对处理意见有异议的,按《信访条例》规定,告知信访人请求复查复核的期限和机关,让其进行复查复核。整个办理过程中各环节要严格按《信访条例》规定的期限和程序执行,同时,信访局将对办理过程中的各环节通过打电话、发函、约谈、实地参加等形式进行督查督办,确保各环节规范按期限和程序办理,保证"案案有结果"。

9.对信访人所反映的问题,有处理意见和复查复核意见书的,要将整个案件从程序性受理至办完后的所有材料进行归档装卷。

10.按照信访事项录入工作有关要求,录入人员要及时、全面、准确地将应录入的内容录入到全国信访信息系统。

11.走完信访三级终结程序且事权部门也做到了"三到位"的信访事项,上访人仍进行非访造成违法行为的,信访局应将相关违法证据材料提供给属地公安机关,并向属地政法委汇报,由公安机关来依法对其违法行为予以处置。

总之,初信初访案件按上述方法要求办理,必将会在"事要解决"和减少越级重复上访等方面收到积极的成效。

# 浅谈新形势农村信访问题的原因及对策

近年来,随着农村各项改革的不断深入、经济的快速发展、各种利益关系的进一步调整、农村农民法制意识、民主意识的不断增强,一些深层次的矛盾日益显露,反映农村各种问题的信访呈上升趋势。如何化解农村信访矛盾,维护农村的社会稳定,是当前做好信访工作的重要课题,浅谈引发农村信访问题的主要原因及对策,对促进农村发展和农民增收有着十分重要的意义。

## 一、当前农村信访反映的基本问题

1.因市、区重点工程建设、城市拆迁、农村土地征用、土地整理等引发的信访问题。

此类信访问题反映的主要有以下四方面内容。(1)征地补偿标准不一致,同类级差的土地,由于用地的项目不同出现不同的征地价格,而且价格差距很大,同样的失地农民、不同的失地农民养老保险,要求统一标准。(2)各村、组在土地征用政策处理、赔偿分配方案不一致,相互攀比,引起集体上访。(3)征用补偿费的分配过程中,"农嫁非""农嫁农"、在校大中专生及未有正式工作的大中专毕业生、部队服役军人及"蓝印户口"等对象要求享受同等的村民待遇。(4)土地征用的有关收支账目及安置赔偿的政策不够公开,村民对村提留少数的土地征用费、赔偿标准、分配方案有异议,要求公开赔偿安置政策、公布征用款数额及分配方案等。

2.农村土地延包中的问题。

3.村级财务及村干部经济、作风问题。

4.违章建筑、道路纠纷及建房问题。

5.村委会换届选举遗留问题中有违反《选举法》有关规定的行为。

6.历史遗留问题和其他问题。历史遗留问题主要有要求乡、村帮助解决生活中的困难、民事纠纷及涉法案件要求公正处理、执行到位等。

## 二、产生农村信访问题的根本原因

引发农村信访问题的原因是错综复杂多方面的,既有外部方面的原因,又有内部引发的原因,既有现实原因,又有历史原因。但农村大多数信访问题的引发,究其主要原因都与基层党群干群关系、基层民主政治建设和基层组织建设密切相关,从三方面进行分析。

1.基层干群关系不和谐。这是引发当前基层信访的主要原因之一,导致基层干群关系紧张的原因主要有以下几个方面。

一是村干部方面的原因。(1)少数村干部的思想素质较差。(2)干部在决策时不民主、不科学、不按程序办事、不尊重群众意愿,不充分考虑群众利益。(3)干部工作作风粗暴,法制观念淡薄,独断专行,民主意识不强。(4)村级财务管理混乱、不规范,村干部乱吃喝,铺张浪费现象严重。(5)乱收费,无故加重农民负担。主要是在农民审批建房时,违反规定乱收费,群众对此虽有意见,但因有求于村,只能无奈交款。

(6)一些村干部自身素质不过硬,失去了群众的信任,恶化了与群众之间的鱼水关系。有的自己带头拖欠村集体的承包款,有的平时不注意自己的形象,参与赌博、生活作风不检点等,使自己在群众中没有威信,说话没有份量,难以发挥党员干部的表率作用。有的在与村民发生个人利益的纠纷时,思想上存在着误区,以为自己有权有势,不管有理无理别人就要让他三分,不然自己就没有面子,一副"土皇帝"的样子,不注意以平等的身份,以理服人的方式处理与群众之间的关系,这样虽然自己占了上风,但却失去了群众力量,积下了矛盾。

二是乡镇党委、政府方面的原因。(1)纵容村干部,少数甚至不讲原则地维护村干部的利益和声誉。(2)在村主要干部选拔、村级班子组合、搭配等方面把关不严。

三是群众方面的原因。(1)经过多年的家庭联产承包责任制,使农村经济得到了很大的发展,但同时,由于以家庭为单位组织生产,一定程度上削弱了农民的集体主义观念,加之部分村集体经济比较薄弱,农民从集体中得到的福利和实惠很少,给农村干群关系带来了不利影响。(2)对村干部的要求过高,考虑问题不够客观,缺乏从整个村的利益来考虑问题的思维习惯。(3)缺乏一种防微杜渐、时常关心集体的意识。(4)只要权利不要义务。部分村民在争取自己的权利或利益的时候,忽视自己应该承担相应的义务或责任,也是造成基层工作难做、一些社会矛盾难以调解处理的重要原因。

2.基层民主管理、民主监督不到位。随着法制的健全,村民民主意识的不断增强,基层民主法制建设不断得到加强,但离有关法律、法规的要求,离村民的民主参政议政的要求还有较大差距。当前基层的许多信访问题都与缺乏基层民主管理、民主监督有很大关系,

3.基层组织建设中存在的问题。

一是班子内部矛盾引发的问题。二是部分乡镇党委、政府对村级班子建设存在着使用多、教育管理少的现象,平时只注重布置工作任务而轻视抓好村级班子的思想建设和组织建设工作。三是部分村"两委"在运作方面关系还未理顺,影响村各项工作的开展和稳定。

### 三、化解农村信访问题的对策

1.加强对农村基层干部思想作风建设,密切与群众的鱼水关系。

首先,要加强"立党为公,执政为民"、全心全意为人民服务的思想教育。正确对待自己手中的权力,要清楚的认识到权力是人民赋予的,只能用于为人民群众谋利益而不能为自己谋私,否则就会失去群众对你的信任,丧失你手中的权力。主要应从四方面入手。(1)加强干部民主意识教育,使干部真正懂得倾听民意集中民智是干部正确决策、办好实事的必备前提。(2)倡导求真务实的工作作风,办事处理问题一定要从客观实际出发,深入实际深入群众,多做调查研究,弄清问题的本质和矛盾的症结所在,从而对症下药,使问题得到及时公正妥善处理。(3)要提倡严于律己宽以待人的好品质好作风,干部首先要严格要求自己,要求群众做到的,不但自己带头做到,而且还要使自己的家人和亲属也要先做到,干部起到身教重于言教的表率作用,就能在群众中形成无形的感召力和推动力,多数群众也会自觉跟进。即使少数群众一时想不通,干部能采取平等的态度,协商的方式做工作,也容易使其思想转化,不会导致干群关系恶化的局面。(4)要重用作风民主务实、办事公道、廉洁勤政的干部,形成一种好的用人导向,激励干部切实转变作风。

2.加强基层民主政治建设,保障群众的知情权、决策权、参与权和监督权。

首先,要加强四民主(即民主选举、民主决策、民主受理、民主监督)两公开(即村务公开、财务公开)的推进力度。初步推行村务、财务公开;积极探索出台一些推进基层民主政治的相关制度措施。当前在推进基层民主建设方面,应着重做到三点。(1)努力推进民主决策,凡是涉及村民利益的重要事项都需提请全体村民或村民代表会议讨论,按大多数人的意见做出决定。上级党委、政府要严格把关,对未经全体村民或村民代表会议多数同意的重大决策,不允许村级组织随意实施。为保障群众的民主决策权利落到实处,建立重大决策上级党委、政府审核制度。对未经审核随意实施,造成不良后果的,要追究责任。对其他一些重要问题的决策,也要经过集体讨论,绝不能个人说了算,权力过于集中。(2)切实搞好村务公开工作。凡是村里的重大事项和群众普遍关心的问题,都应向村民公开,要加强群众参与和监督的力度,增强村务公开的透明度。要建立完善村务公开的运行机制,确保村务公开健康正常开展,切忌形式主义和走过场。村务公开的重点是财务公开,实行村账乡管后,要加强对财务工作的监督检查,特别是要注意加强村级民主理财小组的监督功能,通过民主推选,将办事公道、群众认可、懂财务的人推选到民主理财小组,改变部分村民主理财小组成员由村干部指定、使第一道监督关口流于形式的局面。同时,建立村主要干部届中、离任审计制度。

再次,要加强农村干部群众的普法教育。基层民主政治能否顺利推进,与农村广大干部群众的法制意识密不可分。民主的顺利推进要靠法制来保证,更需要知法懂法的干部群众来实行。因此,必须把加强普法教育作为推进基层民主政治建设的重要环节,切实抓紧抓好。当前应重点抓好《宪法》

《土地管理法》《土地承包法》《村民委员会组织法》《刑法》《治安处罚条例》《信访条例》和《民法通则》等法律法规的宣传教育。通过教育,提高基层干部依法行政、依法办事的意识,提高广大人民群众依法行使自己民主权利和维护自身合法权益的意识。特别要让广大干部群众认识到权利与义务是相一致的。自己在行使法律赋予的权利时,必须承担法律规定的相应义务,只要权利不要义务,只有义务没有权利,都违背了权利与义务相一致的基本原则。

3.切实加强基层组织建设,增强基层组织的凝聚力、战斗力和化解社会矛盾的能力。

农村大量的信访矛盾都发生在基层,能不能把矛盾化解在前、化解在小、化解在始发地,主要取决于农村基层组织的凝聚力、战斗力和化解矛盾的能力。一些农村矛盾多问题多越级上访多,仔细分析都与当地农村基层组织软弱涣散工作不力有关。要改变这一状况,必须从加强基层组织建设入手,这才是改变头痛医头脚痛医脚现象的治本之策。抓好基层组织建设应从五个方面着手。(1)乡镇党委、政府要进一步提高对抓好村级基层组织建设重要性、必要性和紧迫性的认识,真正把它作为化解农村各种矛盾,维护农村社会稳定,促进农村经济发展的一项牛鼻子工作来抓,将其切实摆上党委的重要议事日程,积极探索在新形势下抓好农村基层组织建设的新办法新路子。(2)乡镇领导要深入到问题多的村调查研究,找出问题症结,采取切实有效措施,集中精力集中时间,花大力气整治,尽快扭转被动局面。(3)规范农村党支部、村委会两套班子的运作机制,妥善处理村党支部领导核心与村民委员会依法自治之间的关系,使两套班子能相互尊重各负其责,团结协调地开展工作。(4)加强动态管理,防患于未然。要切实改变对基层干部重使用轻教育管理的情况,平时要及时掌握村干部的思想动态和班子内部的运行情况,发现干部有情绪有思想疙瘩或班子内部有矛盾,要及时去做工作,把矛盾解决在始发阶段,达到防范在前、化解在小的目的。(5)乡镇党委在基层组织建设上要把好关,切实把那些政治素质好、作风民主务实、有开拓精神、群众公认的人选配到班子中。在发展党员时要为村党支部把好关,切实把有素质、群众认可的年青人发展入党,为党支部建设打下良好基础。

总之,化解农村信访矛盾,维护农村社会稳定,既要靠外部环境(如政策法律)的改善,又要靠各级领导重视信访工作,使信访工作做到组织、制度、责任三落实,信访问题能及时得到妥善处理。但从根本上来说,还是要靠密切干群关系、推进基层民主政治建设、提高农村基层组织的战斗力、凝聚力和化解矛盾的能力,只有这样,才能从源头上解决农村的信访问题,从而维护农村的社会稳定。

# 当前网上信访的现状与对策

近年来,随着互联网的迅猛发展和普及,网上信访将成为群众信访维权、各级政府畅通民情的一条越来越重要的通道。面对这一趋势,如何及时、准确、公开、透明地回复网民的呼声,积极应对网上舆情,妥善处理网民意见,做到"件件有回复,事事有结果",使网上信访成为各部门听民声、解民惑、惠民生的又一新渠道,这又是信访部门和信访干部深入研究的新课题。

## 一、当前网上信访工作的现状

网上信访具有优越性。网上信访与传统信访方式相比,不受时间、空间、人数的限制,信访成本低,投诉内容和处理结果公开透明,公众关注程度高,具有便捷、高效、经济等诸多优势,深受广大网民的青睐。

网上信访渠道日益畅通。近年来,一些网络信访渠道的开通,全国各地的政府网站纷纷效仿,充分利用网络这一媒体解决信访住房问题。网上书记信箱、市民信箱、民声通道、政务投诉等平台,完善网络问政网站建设。对网上信访受理、处理、反映、监督、反馈等各个环节进行规范,采取明确目标,落实责任;限期办结,及时反馈;部门联动,科学督办等措施,不断开拓创新,畅通信访渠道,推进群众网上信访常态化。

网上信访工作逐步得到各级的重视。为进一步加强和规范网上信访工作,提高办理效率和质量,各级政府纷纷出台文件,建立健全了网上信访规章制度。我市党政主要领导高度关注网上舆情,对网上书记信箱、市长信箱受理的信访件,亲自过问,亲自督促,协调落实。各地各部门积极听取"网言",科学分析、冷静对待,从中汲取有益的建议和戒谏,以新的理念和新的思维,提高社会管理水平,营造良性互动的局面。

## 二、网上信访工作存在的不足

网上信访存在信息不全或失真的问题。网上信访,信访人大多能公正客观地反映情况,使问题得到及时顺利的解决。但也有少数网民因担心遭到被投诉单位和被投诉人打击报复,常常采取匿名方式进行信访,不留下任何联系电话,有的因事实不清、证据不足,大大增加了调查取证的难度。同时,一些投诉不同程度地存在着反映的情况与事实不符的问题,有的甚至为了引起媒体的重视而夸大其词、小题大做、无中生有、混淆视听,搏得一些不明真相的网民的同情和附和,很容易造成意想不到的负面影响。

相关部门处理和答复工作有待改进。从我市网上书记信箱和市长信箱的投诉及回复情况看,答复是及时和令人满意的,有的甚至还被网友给予了很高的肯定和评价。然而,个别地方和部门因为怕担责任,谈"网"色变,不作为或慢作为的情况仍然存在,害怕说错话,相互推诿,能拖则拖,能缓则缓,即使给了答复也是轻描淡写、蜻蜓点水、隔靴搔痒,"忽悠"了事的情况并不鲜见,这样的现状不容忽视。

## 三、原因分析

网民匿名投诉原因分析。由于实名投诉信息被泄露的情况屡见不鲜，而不匿名投诉则大大降低了自身的风险，使得投诉人不得不选择匿名投诉。这样既在一定程度上维护了个人权益，也使自身安危得到了保护。另外，一些网民担心自己投诉的问题过于简单，得不到相关部门的重视，故意夸大问题，激化矛盾，搏得更多网民的同情和支持，既有利于投诉得到及时解决，又不必承担责任，可谓是一举多得。归根到底，匿名投诉往往是因为网民对相关部门缺乏信任所造成的。

相关部门答复率低的原因分析。由于目前对网上信访工作的处理和答复没有形成一套完善的激励机制和责任追究机制，对于一些处理和答复率很高的部门，一般政府就是口头嘉奖一下，媒体表扬一下而已，致使一些部门和个人认为搞好网上信访工作出不了什么政绩，但风险却很高。万一处理和答复不好，就很容易惹火烧身，得不偿失，尤其是对一些"不好说""说不好"的问题，采取"以静制动""保持沉默"的方式处理网上信访问题目前并未追究具体责任，因此不失为一些部门的"上策"。另外，通过对网上投诉答复情况分析发现，越是答复率高、答复速度快的部门，网友参加的热情也越高，投诉的问题就越多，这无形中增加了工作人员和领导的工作强度和难度。

## 四、完善网上信访工作的对策与建议

建立网上信访工作专人负责制。指定专门的工作机构和工作人员，每天定期监管网上信访动态，及时发现和整理汇报，监督相关部门及时处理回复。在发现投诉后，第一时间对归属部门、处理时限等情况进行回复，让投诉人在最短时间内了解处理流程的相关信息。使之在看到归属部门的快速回复后,不但会令投诉人有一个良好的"第一印象",也能对处理这一问题的程序有一个初步的了解。

建立网上信访处理"四项制度"。在处理网上信访问题的整个过程中,要建立网上信访编号登记制度、相关部门负责人接收、回复投诉签字和限时答复制度、回复结果"一把手"指示制度以及答复网上信访工作奖惩制度。在监管网上信访工作的专人发现网上投诉后,及时下载整理投诉信息并汇报相关领导批示,建立健全专门的网上信访登记本。相关部门接到投诉后,从接收时间到回复时间,负责人都要层层签字确认,在规定的时限内给予满意的答复,回复结果必须经相关部门"一把手"审查批示后在网上予以公布。每半年或一年对网上信访工作情况进行一次总结讲评,并将网上信访工作纳入绩效考核。对未及时进行处理和答复的投诉,要对相关责任人进行批评和责任追究,对造成严重后果的,严格追究行政责任。对处理和答复网上信访工作及时、高效、网民满意度高的,要给予物质和精神奖励,表现十分突出的,要在晋级职称上优先考虑。

开展定期学习培训制度。省市级信访部门每年要组织对各部门网络发言人和网上信访监管人员开展一至两次网上信访的学习培训,通过专家授课、座谈交流、现场观摩等方式,进行全面系统的业务知识培训,相互交流经验,培养专业人才,促进网上信访工作不断规范化、制度化和人性化。

适时做好对投诉人的温馨提示。一是及时做好宣传和引导工作。通过舆情人意识、温馨提示留言等方式,提醒投诉人理性、客观地反映情况,保留好有力的证据,防止因证据不足造成"无效投诉",避免因投诉人的某些主观原因,使问题得不到及时快速的解决。二是提醒网民要本着有利于解决问题、实事求是的原则进行投诉,不得提供虚假、夸大的伪证。

三是为便于执法部门开展调查,在确保投诉人的相关信息不被泄露的基础上,应在投诉时向该栏目提供真实准确的联系方式。四是本着简单的事情简单解决的原则,对一些直接找被投诉人或被投诉单位就可以协商解决的问题,应先进行协商,仍然无法解决再向相关部门投诉,以减少执法部门的工作强度,有利于其集中精力解决更多的焦点、难点和热点问题,不断提升网民的满意度。五是遇到相同或类似的投诉,网站对相关答复及时进行链接和提醒,给网民提供参考,防止相同的问题重复出现。

# 对加强新时期网上信访工作的思考

网上信访作为方便快捷、成本低廉的群众诉求表达渠道,承载着传递党和政府声音、回应社情民意的作用。各级党委政府和信访工作部门要像重视传统信访工作一样重视网上信访工作,认清其功能定位,发挥"五个"作用,倾情倾力化解网上信访问题。

1.清醒认识,发挥好"风向标"作用。要带着对人民群众的深厚感情抓实抓好网上信访工作,真正把网上信访平台打造成联系服务群众的重要窗口和桥梁纽带。要定期分析研究工作形势,领导亲自阅批网民来信,审批办理回复内容,亲自包案化解疑难杂症,亲自过问办理落实情况,亲自带案下访约访网民,狠抓突出网上信访案办理。要健全工作机构,落实工作人员,配备工作设备,为网上信访办理工作创造有利条件。要严格按照规范流程,坚持目标考核评比,加强督促检查指导,树立齐抓共管、群策群力的网上信访工作良好导向,推动实现网上信访工作的常态化、长效化、规范化运行。

2.练强内功,发挥好"压舱石"作用。信息化进程逐步加快,群众信访由传统书信、走访向网上信访"转移"趋势日益凸显,因此要持之以恒做好网上信访基础性工作。确立"健全工作体系、严格办理程序、提升办理质量、确保办结时效"的工作标准,认真做好网上多个渠道信访事项的办理工作。提高人民网网民给省、市(州)、县(区)党政领导留言办结时效，加强国家、省在全国信访信息系统交转网络投诉信访案的办理工作，对省长信箱、书记市长信箱和部门(单位)领导信箱信访件快接快办。做好每日登录浏览、认领受理，即时转送交办、跟踪督办，按时审核反馈、回复告知，切实维护群众合法权益，形成务实管用、有为有位的网上信访工作态势。

3.能参善谋，发挥好"智囊团"作用。针对网络信息传播速度快、信息量大、辐射面广等特点，创造性拓展信息网络平台功能，把网上信访工作的触角向广度和宽度拓展延伸。加强上下级、同级部门之间和部门内部的纵横通联，实现人员、设备、系统等资源的优化整合。从网上汇集分析社情民意，加强重点敏感时段网络舆情分析判断，从倾向性、苗头性信息中捕捉舆情动向，及时发布预警信息，提早谋划，从而有效避免网上信访转为实地走访、初信初访转为重信重访、当地信访转为越级上访、个案信访转为群体信访，充分发挥网上信访在群众信访工作中的生力军作用。

4.营造氛围，发挥好"扩音器"作用。立足于网上信访方便快捷、群众对网络依赖性逐渐增强的工作实际，不断加强网上信访工作平台运行和维护管理，确保群众诉求渠道畅通便捷。依托网络媒体传播正能量，倡导宣扬正面典型。总结推广特色经验，发表优秀创新成果，弘扬系统新风新貌。加强与公安、网管、信息等部门互联互动，实施网络舆情安防联控，及时回应负面舆情，防止借机煽动炒作，发送信息严判预警，有效应对网上信访疑难问题，推动减少网上重复信访，营造积极向上、依法治访的良好环境。

5.攻坚克难，发挥好"千斤顶"作用，针对基层网上信访工作力量相对薄弱的实际情况，适时开展网上信访办理工作业务培训和重点案情交流研讨活动，学习网上信访运行系统的精细操作、办理方法技巧和日常管理与维护，防止工作中断脱节。加强网上信访突出问题应对处理,盯住带有普遍性的特殊疑难问题较真碰硬,采取点对点与面对面相结合、网上与网下"齐步走"的方式,与网上信访重点人、重点问题加强沟通交流,既键对键沟通解释又面对面说服劝导,从典型个案中升华共性,推动群体性问题化解和问题成批解决,提高工作效率,节约运行成本,努力开创群众信访工作的全新局面。

# 网上信访工作面临的挑战及对策

网上信访是以计算机和互联网技术为支撑的信访工作平台，它是信访制度与信息技术相结合而产生的新事物，是公民参与社会管理的新途径，是群众反映诉求的新渠道。它以便捷经济、及时互动、开放透明的特点为信访工作架起了一条高速路，为百姓打开了一扇透明窗。作为"民意直通车"，网上信访将有力地推动社会主义民主政治建设进程，有助于提高党和政府的凝聚力、公信力、执行力和约束力。

## 一、网上信访的价值

网上信访是公民、法人或者其他组织通过信访部门构建在互联网上的信访平台向党委和政府反映情况、提出意见建议或者投诉请求的活动。与传统信访相比，网上信访的价值体现在以下几方面。

1.有助于促进服务型政府的建设。网上信访工作的开展，为信访人提供了便捷经济的权利救济渠道，它以便民利民为出发点，以维护人民群众合法权益为目标，体现了以民为本的理念，是建设服务型政府理念的具体施行。

2.有助于提高信访工作效率。网上信访利用计算机和互联网技术,使信访部门实现了对群众反映的意见和诉求的科学管理和充分利用,有利于工作的标准化和规范化,实现了各级信息资源共享,避免重复处理,可以有效地减少政府在人力、物力、财力上的投入以及时间消耗,减少行政成本,提高工作效率。

3. 有助于建立良性信访秩序。网上信访是通过计算机互联网实现的,它打破了时空的限制,不是面对面,而是键对键地交流,这种间接性,可以使信访人保持冷静和理性,避免行为失控,减少进京非正常上访、越级上访和拦车、堵路等违法行为的发生。

4. 有助于把握解决问题的最佳时机。网上信访的及时互动性,可以在第一时间了解群众呼声,及时发现问题,快速化解矛盾纠纷;及时疏导群众情绪,有效释放社会压力,避免错过解决问题的最佳时间。

5. 有助于优化组织结构。以光纤传播的网络,提交与接收几乎没有时间差,交流双方可以随时了解彼此的状态和意图,不受地域限制。如果网上信访得以有效实施,政府可以考虑缩减或者取消中间管理层,增加办理和督办等横向机构设置,从而使政府组织结构趋于扁平化,增加政府的管理幅度。比如,可以考虑以国家受理投诉中心为核心,负责接收海量信息,保持信息的完整性和真实性。在各地设立由中央直管的办理和督办机构,负责群众投诉事项的办理和反馈。

6. 有助于监督和制约公共权力。网上信访的开放透明性,可以最大范围地集中民智,为党委政府的科学民主决策提供参考。网上信访从受理、办理到回复,每一个阶段,每一个节点,信访人都可以上网查询,这样及时地公开信息,主动接受信访人的监督,极大地增强了解决问题的透明度,促进政府的政务公开,让公共权力在阳光下运行。

## 二、网上信访的局限性和存在的问题

科学技术的进步是一把双刃剑,在给人类带来巨大益处的同时,也随之带来一些弊端,信息技术也不例外。网上信访极大地方便了人民群众的理性诉求表达,畅通了人民群众参政议政的渠道,为党和政府应对群众诉求创新了思路。但正由于其具有的便捷、经济、开放的特性,使网上信访也存在一定的局限性。

1.参与投诉主体的问题。截至2012年6月底,中国网民数量已达到了5.38亿,互联网普及率达到39.9%。但网络资源分布在我国东西部之间、城乡之间极不平衡,网民也是以年轻人占大多数。文盲、贫困人群、不会使用电脑互联网的人群以及基础设施匮乏地区的人群,很有可能被排除在网上信访之外。如果无法消除这种不平衡,网上信访只能作为传统信访的补充而无法成为主渠道。

2.感情表达和思想交流的问题。网上信访是通过网络交流的,与传统走访相比,不是人与人的直接交流,受书面语言表达的限制,没有语调、表情和肢体语言的加入,减少了直观的感情色彩,工作人员很难发挥对信访人进行语言安抚、思想交流的作用。

3.安全性和稳定性保障的问题。由于网络所具有的虚拟特性和便捷经济的特点,使网上信访准入门槛低,有时显得随意性比较大。比如匿名举报,反映情况不实;或者来件内容简单,用词随意,反映的事实要素(时间、地点、过程等)不全,不利于问题的调查处理。还有少数人发送垃圾邮件,使用不文明语言等恶意行为时有发生。由于保障网络的安全性和稳定性存在一定的技术难度也需要一定的资金投入,信息外泄,程序使用中死机、卡机等问题也时有发生。

4.渠道分散,软件建设不统一,各个网络难对接。网上信访目前存在多个渠道,有各级信访部门在政府门户网站上建立的信访工作平台、领导信箱、人民网的"地方领导留言板"等等。一方面,由于渠道多,难免信息重复,很难保证不浪费政府资源;另一方面,很难保证各个渠道都被关注,有用的信息很可能被忽略掉。此外,软件建设不统一,办理模式各异,难以对接。

(五)办理主体水平的问题。网上信访目前处于起步阶段,有些领导对此项工作重要性认识不足,投入不够,使这项工作流于形式。表现在宣传不够、网站的吸引力不强;回复不及时、回复程式化或者答非所问。

(六)制度建设相对滞后。试运行时期工作标准不高,没有制定出一套严格、高效的工作标准,或者有标准而执行不严,对办理和回复缺乏有效的约束,致使网络信访事项仍避免不了被踢皮球,缺乏有效的督办和考核办法,缺乏必要的激励机制和问责机制。

## 三、加强网上信访工作的几点思考

网上信访是人民群众维护自身权益的一种手段,当能够最大程度地降低上访难度时,越来越多的人当然会更倾向于上网而非上访。针对网上信访存在的不足和局限性,怎样把信访人吸引到网上渠道来,最大限度地发挥网上信访优势,把握网上信访工作的主动权,是对我们工作的巨大挑战。

1.加强宣传引导,弥补投诉主体的问题。应当利用各种媒体,动员社会力量参与,对群众宣传网上信访的权利与义务,运用咨询、教育等方法,从正面加以引导,抵制不良信息,改变网上信访的随意性和非理性,让真实的民意、民心、民愿成为主流。在政府网站设立法律政策答疑栏目,以案说法,答疑解惑,扩大社会影响面,让公众学会理性分析。可以考虑在社区、村设立网上信访代理站和代理人,帮助信访人利用网络渠道进行信访。对于有特殊情况或情绪不稳定的信访人,在条件允许的情况下,可以及时转入视频接访或约访。

2. 加强网上信访的法制建设。一是制定保障网络安全的法律法规。良好的网络秩序是网上信访健康发展的基础,首先必须有法可依,应该研究制定保障网上信息安全、信息资源管理、网络公共秩序安全、个人隐私保护等方面的法律,加强网上信访的保密工作,防止信息外泄和黑客对网站的攻击。二是依据《信访条例》,制定网上信访的行政法规,对网上信访的某些环节作出特殊规定。如可以考虑适当缩短告知时间,改变告知方式,将书面答复方式改为电子邮件答复等等。

3. 加强组织领导,整合网上信访渠道。各地信访部门应当对网上信访科学定位、合理规划,充分利用现有政务网络平台和应用软件,整合国家投诉办交办转送件、领导信箱、人民网领导留言版、本级网上信访平台等多个渠道,实现相互对接,避免信息的交叉重叠。重点打造一两个有效渠道,提高某个渠道的权威性,有利于高效运用行政资源。成立专门的工作机构,负责网上信访的技术推进和研究,相关法规政策的研究和建议,资源的管理和服务,业绩评估等等。

4. 加强队伍培训,提高网上信访工作人员素养。无论做任何工作,人的素质是最为关键的因素。要从提高能力入手,加强对网上信访人员的培训。目前,计算机应用已经很普及了,所以关键是加强做群众工作能力的培训。通过培训使领导加强对网上信访前瞻性的认识,理清建设思路;使技术人员熟练掌握网络管理和维护、数据库管理与维护以及网上信访应用系统的管理和维护等技能;使工作人员加强责任意识、服务意识,提高运用语言的能力和心理素质,提高妥善应对各种复杂问题和突发情况的能力。

（五）加强制度建设，协调好内部运行机制。对网上信访工作流程中的每个阶段、每个节点都要细化工作标准和工作制度，让日常工作高效运行，以保障网上信访优势的有效实施。以解决问题为根本，以做好回复为切入点，才能提高网上信访的公信力。加强激励机制和责任追究机制建设。将办结率、回复率、回复满意率、重复投诉率作为考核指标，纳入绩效考核。对因处理不当、引发严重后果的责任单位和责任人要进行问责。另外，做好信、访、网、电等不同渠道的相互衔接与协调工作也相当重要，建立良好的内部运行机制，避免职能交叉。可以实行首办负责制，或者把多渠道入口归结到一个部门进行办理，或者从有利于维护信访秩序的角度来考虑，强化一个渠道的权威性。

（六）加强督查督办，强化"事要解决"。网上信访离不开帮助老百姓解决问题、伸张正义、实现社会公平这一终极工作目标。不解决问题，网上信访就会成为摆设而失去其功能和作用，更谈不上公信力和权威性。所以要下大力气做好网上信访的后台工作。认真对待群众提出的每一条建议、每一件有效诉求，综合利用各种手段，通过督查督办，做到案结事了，以扎实的工作来换取群众的理解和信任。

# 做好信访工作的"四不"精神

1.做好信访工作必须有不怕磨嘴的精神。信访工作被称为"机关第一难",许多矛盾在此交汇,许多纠纷在此累积。我们每天面对的是一封封求助的信件,一张张困惑的面庞,一双双期盼的眼睛,一道道未解的难题。而我们常用一颗热心,一颗爱心,一颗公仆心,去化解坚冰,温暖人心,用我们的语言表达,化解一张张生气的脸孔。在化解矛盾时,个个练就了一张调解的快嘴,一双办事的快腿,说得赢,说的在理,说的上访人心悦诚服,从而使上访人拆除横亘在心中的阻碍,架起党和政府与人民群众的"连心桥"。近年来,全体信访工作者以法为据、以理为尊、以情为重、以人为本,明法晰理,积极调解处理。

2.做好信访工作必须有不怕苦和累的精神。"我们为群众解决一个困难,就是送去党和政府的一份关怀;我们每化解一个矛盾,就是为党分担了一份责任;我们每调解一个纠纷,就是为社会稳定提供了一份保障。"正因为如此,信访干部以高度的责任感和紧迫感,积极投入工作,在工作中个个不怕苦,不怕累,遇事争分夺秒,雷厉风行,遇有上访事件发生,总是第一时间赶到现场,在处理中个个果敢坚决。在信访干部的时间概念中,更是没有节日、假日,没有白天黑夜,中午打个盹成了奢侈的享受,晚上睡个早觉实属难得。经常提前半小时上班,延长半小时下班,经常性加班加点整理材料,有时甚至通宵达旦,一年三百六十五天,天天都在与上访人打交道。因为我们深知,"群众利益无小事",一定要让他们"诉求有路,有事能诉,有冤能伸"。我时刻提醒同事们,一定要"今日事今日办",做到有访必接,接访必处,群众不走,我们不下班,绝不能因为我们的原因,使"小事拖大,大事拖难,难事拖乱"。

3.做好信访工作必须有不怕受委屈的精神。有人把信访干部比作两头受气的"风箱老鼠"。每天从上班到下班,面对的多是一张张怒气冲冲的脸,听到的多是一句句埋怨声,遇到的多是烦事难事……往往你说得口干舌燥,精疲力尽,换来的却是一阵数落、一通怨气、一番侮辱、一顿谩骂,甚至很多次信访干部的衣领被撕破,办公室的茶瓶被摔破一个又一个,接待桌椅残缺不全。纵然这样,我们的每一个干部都忍辱负重,没与上访人发生一次冲突。这是因为,信访局是党和政府与人民群众血肉相连的桥梁和纽带,是广大人民群众的"娘家",我们是人民的公仆,当的是人民的家,办的是利民的事,人民群众有怨气,说明我们的工作还有欠缺,即使受点委屈、不被理解,也不能斤斤计较。以大局为重,以工作为先,用春风般的笑脸迎人、夏日般的热情待人,使多少人化解了满腔的怨愤,消除了强烈的敌意;使多少悬而未决的"老大难"问题迎忍而解,一触即发的矛盾化干戈为玉帛!

4.做好信访工作必须有不怕清贫的精神。有人说信访干部既无钱又无权,只有"嘴巴还很甜"。平时,时刻以自己的一言一行影响着大家,以自己的人格魅力感染着同事。为了信访事件,我们东奔西走,协调有关部门,为上访群众解决拆迁安置、征地补偿、代理追薪、低保、医保、社保、供电供水等急事、难事、麻烦事。因为我们知道身为信访干部,就必须"心似白云洁",拒绝社会上的各种诱惑,不能因为自己的一己私利和一丝贪念,玷污了党和政府的形象,败坏了信访干部的名声,伤害了人民群众的感情!

# 对新形势下信访工作"十点"认识

信访问题具有相当的复杂性。待信访解决的事项,作为信访部门和信访干部,要按《信访条例》的规定,认真接待、研究、协调、处理,努力谋求化解途径。我对信访工作有十点认识。

1. 指导思想——切实将"保持各级人民政府同人民群众的密切联系,保护信访人的合法权益,维护信访秩序"(《信访条例》第一条)和化解矛盾、构建和谐社会作为信访岗位的基本任务,作为自己的职责。

2. 责任意识——保持从事信访工作的光荣感、责任感、使命感,真心诚意、全力以赴地投身于信访工作实践中,努力发挥信访岗位的作用,自觉维护信访干部的形象,切实当好领导与群众之间的"联心桥"。

3. 工作态度——努力按照《信访条例》的规定和要求,以及与信访问题相关的政策法规,认真负责、一丝不苟地开展信访工作,将执行规章制度与解决实际问题相结合,一心一意地推动矛盾的化解。

4. 思想作风——坚持信访工作的职业道德,实事求是,不唯心,不唯上,不从众,不随风,不苟且,不违背基本原则,如实地反映情况,发表看法,提出意见和建议,把"对领导负责"与"对信访人负责"相统一,致力于"事要解决"。

5. 真挚情感——坚持群众观点,保持健康的思想感情,保持与信访人的真诚沟通,以情感人,以理服人,善于"换位思考",关心和理解"弱势群体",立足于解决群众"最关心、最直接、最现实"的利益问题,坚持"让领导放心"与"让群众满意"的一致性。

6.科学思维——坚持辩证唯物主义原则,改善思想方法和工作方法,注重于调查研究和客观分析,坚持"两点论",将原则性与灵活性有机结合,提高信访工作的能力和水平,促进矛盾的转化,既要解决问题,又要预防后遗症的产生。

7.负责精神——注意保持信访信息渠道和处理程序的畅通,维护信访机制的正常运作,如实地向上级汇报信访动态,负责地提出意见和建议,切实履行信访岗位的"督办权、建议权、受理权和交办权"。

8.实际成效——充分发挥主观能动性,坚持"有所作为",认真履行信访工作规程,积极开拓创新,迎难而上,切实做到信访处理的及时和完善,努力谋求疑难信访问题的突破和非正常信访事项的转化,缓解和化解信访矛盾,掌握并报告信访动态,自觉地为维护社会稳定发挥作用。

9.鞠躬尽瘁——不辞辛劳,不计得失,不怕委屈,任劳任怨地投身于信访工作,真正做到总书记对信访工作的指示精神和总理对信访干部提出的"热情、依法、负责、奉献"八字要求。

10.问心无愧——对得起党和国家,对得起上级领导,对得起信访人,对得起信访岗位,对得起组织和群众的信任,对得起人格、党性和良心。

在信访实践中做到以上"十认识",有利于保持从事信访工作的健康心态,加强与相关职能部门、信访人的理解、沟通和团结合作;有利于改善信访工作氛围,促使信访问题的妥善解决;有利于保持从事信访工作的积极性、主动性和开拓性,进一步明确方向和任务,增强责任感。

# 信访工作的体会和认识

我做信访工作十年了,十年间风风雨雨,十年间是人生一瞬间,十年的坎坎坷坷。我深刻地感到在信访岗位上工作比在其他任何岗位上受到的磨炼更深刻、更艰苦,且更终身难忘。

2000年9月,我从部队转业到地方工作,从接访群众到处理群众来信,再到办公室工作,又开始每天接待上访群众,我一天不敢懈怠,一时不能放松,都说奉献的收获是幸福,磨炼的结果是提高,但人的精力是有限的。用个不恰当的比喻,信访工作岗位上的干部,就像是一头牛,这头牛要能拼命地耕地,干耕地这个活,当这头牛筋疲力尽的时候,是要趴下的,当奶牛被挤奶过多的时候,挤出来的已不再是奶而是血。这是对信访工作的写照。信访干部总有一个梦,就是凭自己对党和人民的一颗忠诚之心和一腔热血,多化解、快化解信访矛盾,既减轻党和政府的压力,也减轻自己的思想负担,为了圆这个梦,连续作战,拼搏向前,为之敬佩,也为之感慨。感慨之余,我思索:"十年信访感受是什么?"细品其中滋味,苦、辣、酸、甜、咸,五味俱全。但最能表达我的感受和体会的是这样两句话:"既有慷慨悲歌的感叹,更有感慨激扬的兴奋。"从现状来看,信访干部"有苦""有乐"。

先说"苦"。一是前沿压力之苦。有上压,来自各种的压力。群众堵大门、围领导、向上写信,缠着、闹着、哭着、喊着、求你解决问题,一双双企盼的眼睛在看你,哭声怨声总是萦绕在耳际、沉淀在脑海挥之不去,解决不好、解决不了,良心受到谴责,内心感到愧疚,人生最大的痛苦是内心的愧疚。有外压,外界的压力。外界对信访工作者不理解、不知情,不知道其中难处,盲目责怪。有的说信访群众全有理,有的说全无理。有的信访群众责怪解决还不到位。如在企业军转干部问题上,信访干部夹在中间两头为难。有的信访问题虽然解决了,信访人不但不感谢、不满足还责怪你解决晚了;一时无法解决的,还责怪你不负责任。二是劳心劳身之苦。信访工作既要劳其筋骨,又要劳其心智。化解一件历史遗留老案,就像是一个工程。有的甚至需要做几年的工作方可息诉。信访工作很忙,有时为一件来访,要缠你到深更半夜,为接访一批集体上访要耗尽心血,讲得口干舌燥,有时对上访人赔着、劝着,受气挨累不说,还要听牢骚话,甚至遭到辱骂、殴打,遇缠访闹访的更是既生气又痛心,这类事是常有的。三是困惑之苦。信访干部在接访工作中面对群众的诉求,出于真情真心真意,有时也迫于无奈,干了许多超出职责范围之外的事。如解决涉法涉诉问题;背了许多不堪重负的包袱,如非正常信访问题;为别人事,还要做别人的工作,倒过来请人帮忙,还要做好有权处理部门的领导干部的思想工作;替别人帮了忙还要得罪别人。工作是在叹息之中,求人之中,生活在信访群众的骂声之中、谴责之中,总之千难万烦是信访干部的苦。但从人生的角度来看,往往苦与乐是相伴的。真正的人生应该是苦中有乐、笑中有泪的。在人生的道路上,只有战胜苦的干扰,才能结出甜的果实,只有付出艰苦的努力,才能享受快乐的回报。把历经艰苦与快乐看作同一义语,这是人生的一个境界。

信访工作是苦的,但苦中也有乐,这乐主要体现在以下四方面。一是信访虽工作忙碌，但忙是快乐的，人生的痛苦不是大忙而是大闲。二是工作着的人是幸福的。由工作产生的疲劳，能使人在休息时感到愉快，而由怠惰产生的疲劳，只能使人在休息时感到烦躁和悔恨。人生在闲中求乐，必然是乐极生悲，以苦求乐，其乐无穷，苦中有乐，乐得坦然、实在，是乐在心底。被人需要，工作有价值。人生的价值是被别人所需要。被别人需要得越多，越有价值。被弱势群体、困难群众需要，就更显得有价值。一个人如果任何人都不需要，那他就没有价值了。胡锦涛总书记讲，信访工作功能定位是"基础性工作"的定位，表明信访工作是构建和谐社会的关键起点，是必须的，是不可或缺的，三是行善事。信访工作承载着民众的希望，担负着匡扶正义、解困济难之责，搭建着党与群众心连心的桥梁。人行善事不问前程，多做善事积阴德，不报自己报子孙，善事慰抚人的心灵。在为别人做善事时，也培养了自己的善心。别人得到了帮助，你也从中得到了快乐，这对自己的身心很有益处。做好人、行善事，给别人排忧解难，别人幸福的时候，也能给自己带来莫大的欣慰，善事难得，信访工作为我们提供了机遇，提供了平台，有的人做的是轰轰烈烈的事业，但未必不空虚；有的人做的是社会边缘的事业，但未必不充实，关键是要有好朋友。托尔斯泰说："财富不是永久的朋友，朋友却是永久的财富。"朋友是人生一道亮丽的风景线，信访工作广泛地接触群众，特别是弱势群体，包括进城打工的、外边经商的、工人、农民、知识分子等；同时，因工作需要，各级干部、各个部门领导都在这个广泛的领域里能接触到。对上可交领导朋友，对下可交群众朋友。四是积累人生。信访工作者吃苦耐劳，甚至是忍辱负重，历经磨难，可以有效地积累人生，升华人生。这是因为信访干部把信访工作作为做善事的大舞台，坚持用善意去为人民群众着想，用善举去为人民群众办实事。正是因为怀着一颗善良之心，在孤寡无助、虚弱贫困的老人面前,信访干部是"亲人",为他们送去生活的信心和勇气;在弱势群体、困难群众面前,信访干部是"仁者",为他们送去党和政府的关怀。

做信访工作可以培养干部的宽容心胸,宽容是一种修养、一种心态、一种智慧。学会宽容是一个人成熟的标志,更是一种"胸中天地宽,常有渡人船"的气度。在化解信访矛盾时,信访干部是代表党和政府做群众工作的,接触的大多是弱势群体、困难群众,每当看到群众一双双期盼的眼睛,听到群众一次次期盼的声音时,就会产生心灵的共鸣。信访干部对群众的疾苦、群众的诉求、群众的愿望都了然于心,最能理解群众、谅解群众、能够设身处地地为群众着想,从不计较群众的行为语言。即使遇到个别无理取闹的上访群众,也"打不还手,骂不还口",从没任何怨言,这都是因为他们理解信访人的难处,懂得宽容。宽容可以使人间少一些仇恨,多一点温情;少一些矛盾,多一点和谐;少一些隔阂,多一点沟通,我们每一个人都有人际交往,如果能常怀宽容之心善待他人,周围的人必然会将同样的爱反馈给你,你的付出将会得到更多回报。

做信访工作可以培养干部的大爱之心。人世间有多种爱,有个人私爱,有家庭小爱,有苍生大爱。爱是人类最朴素的情感,爱是每个人身上不可或缺的因子,是奋进的力量源泉。爱是使人高尚的精神支柱。如果一个人心中无爱,他的为人处事就会冷酷无情,他的生活定是虚伪、灰冷的,他的人生一定是苍白无力的。相反,我们的心中如果充满了爱,特别是充满了对弱势群体、困难群众的大爱,我们就会变得善良,对工作就会富有激情,充满动力。信访工作需要的是大爱,要用一颗大爱之心去对待每一位信访群众,这大爱之心主要体现在三方面。一是大爱无垠。信访干部要胸怀天下、心怀苍生,心里始终装着群众,时刻把群众的甘苦冷暖挂在心间,真心实意地去关爱帮助信访群众,维护他们的合法权益。二是大爱无私。信访干部怀有一颗为别人着想的心,甘愿为信访事业无私奉献自己,不计名利得失,始终清正廉洁;信访干部只求耕耘,不问收获,真正做到了吃苦在前、享受在后,勤勤恳恳,任劳任怨。三是大爱无畏。信访干部为了解决问题,必须有无畏的精神,敢讲实话、真话,敢于较真碰硬,敢于与损害群众利益的行为作斗争,敢于对那些严重侵害群众利益而又漠视群众疾苦的人拍案而起,敢于在发生群体性事件的时刻挺身而出。特别是敢于善于抓党政领导的信访工作责任落实情况。

一个人首先要有做事的能力。比如,要有认识问题的能力,知道怎么去干、怎么干好。要有协调关系的能力,善于调动各方面的积极因素的同时,也要有做事的耐力。比如,要有耐性,沉得住气,禁得住烦,耐得住苦。要有耐心,不急躁;不浮躁。要有耐力,能承受,能持久,有韧劲。要耐劳,能吃苦,能受累等。如果有"能"无"耐",这种"能"只能是一时之能或一事之能,这种"能"就无从依附,就没有根基,干事的扎实、稳妥、持久就没有保证。反之,如果光有"耐"而"无能",那是一种无奈,就谈不上干事的效率、效果和质量,根本就不可能达到目的。

对信访干部而言,直接面对日益复杂、多元化的矛盾纠纷,要胜任工作必须具有较强的能力。一要有把握全局、善于谋划的能力。要善于把信访工作放在大局中来思考,放在改革发展稳定的大背景下来谋划,放在切实维护群众利益的大前提下来落实。二要适应形势的发展变化,不断解放思想,更新观念,转变思路,以思想观念的与时俱进推动信访工作的大力发展勇于创新,敢于实践,解决好信访工作中遇到的新情况、新问题。在抓好信访具体工作上,要站在党委、政府的角度上看问题;在解决具体信访事项上,要站在群众的角度来考虑问题。三要有较强的依法办事能力,解决问题能力。这个能力主要体现在处理信访事项、化解信访难题上,要能够做到快速处理好合理信访事项,善于处理好无理信访事项,规范处理好闹访缠访事项,依法处置好违法信访行为、稳妥处理好各种集体上访。四要有较强的思想政治工作能力。要把解决问题与教育引导相结合,善于从解决信访人的思想问题入手解决实际问题,向信访人讲清政策,说透道理,通过扎实细致的思想教育工作最大限度地争取群众的支持和理解。五要有较强的综合分析能力。信访问题往往非常复杂,要求信访干部具有较强的判断分析能力,要善于分析问题,研究形势,总结规律,提出工作建议,提供综合性预警强的抓好基层工作的能力。

信访工作的基础在基层,化解矛盾的主力靠基层。做好信访工作必须坚持抓源头,发现在"早"、解决在"小",把矛盾化解在基层,解决在萌芽状态。在化解信访矛盾问题上,特别是在解决复杂疑难问题上,基层有很多实用有效的方法。信访干部必须要有帮助基层、提高基层、依靠基层、运用基层的能力,充分调动并发挥基层组织和干部的力量和智慧,解决好各种问题。从"耐"上讲,信访干部"耐"主要体现在两个方面。一耐得住压力。当前信访工作面临众多压力,解决一个问题往往遇到很多难处,信访干部必须能够正视困难,顶住压力,变压力为动力,攻坚克难,勇往直前,直到问题得到解决。二要耐得住清贫。信访部门与其他党政机关相比,条件较差,做的是缠、难、烦、苦、累、怨的差事,信访干部必须有吃苦奉献精神,不怕苦、不怕难、不怕烦,要耐得住寂寞,要有以苦破难、苦中求乐的品质追求,要以金子一般的爱心、春风般的热情、钢铁一般的坚韧、海一般的宽容,尽心尽力、满腔热忱为群众排忧解难,树立可亲、可靠、可信的良好形象。

回首十年,我把最美好的青春献给了党的信访事业,无怨无悔,我将继续在党的信访工作岗位贡献自己毕生精力。

(原载 2010 年 2 月《甘肃风采》)

# 成长　收获　跨越

2008年,对于我来说是非同寻常的一年。组织安排我到国家信访局来访接待司挂职锻炼,在此期间,我本着学习提高的目的,始终牢记信访工作宗旨,虚心向国家信访局的各位领导同事学习,并通过参加全国"两会"和"奥运会"等国家敏感时期正常访和非正常访的接待处工作,使自己对信访工作有了更新认识,进一步增强了党性意识、群众意识和责任意识,提高了处理信访问题的能力。一年的实践锻炼,使我开阔了视野,丰富了知识,增长了本领,培养了严谨细致的工作作风,受益匪浅。

## 一、加强锻炼提高对信访工作的认识

信访工作是党和政府密切联系人民群众的纽带,是了解社情民意的窗口,是人民内部矛盾的润滑剂和调和剂。我国各项建设正处在高速发展的轨道上,各种矛盾凸显。正确处理各种矛盾,对维护社会稳定和谐,保障经济又好又快的发展和人民切身利益起到至关重要的作用,所以信访工作必须是以最广大人民群众的根本利益为最高标准,必须严格按照《信访条例》和相关法律法规的规定,注重人文的关怀来处理每一个信访问题。一切为了群众,一切依靠群众,坚持党的群众路线，深入群众，深入基层，倾听群众的呼声，反映群众的意愿，解决群众反映的热点问题，真正做到与人民群众同呼吸，共命运，心连心。

## 二、认真学习提高处理信访问题的能力

做好信访工作，凭真诚和热心是不够的，还需要有过硬的个人接访素质和处理信访问题以及洞察信访形势的能力，尤其是到国家信访局这样的中央单位，这就必须要加强自身的学习。在此期间我认真熟悉掌握《信访条例》和相关法律法规，虚心向国家信访局各位领导和同志们学习请教，短时间进入工作角色。平时，我还注重学习他们雷厉风行、一丝不苟、一切为民的工作作风。通过坚持不懈学习，提高了我与群众打交道的能力，也提高了我处理信访问题的能力增强了应对复杂局面的信心。

## 三、做好工作增强工作能力提高政治素质

信访工作中有些问题用一种方法可能行不通，用两种、多种方法就会容易化解。有时候换个角度考虑问题，就容易与群众沟通，了解到上访群众他们的真实想法。通过和国家信访局同事一起接访、一起办案，学习他们高超的语言艺术和灵活的工作方法，增强了我的工作能力和办事效率。通过接触、协调处理各类信访问题，对全国信访工作有了更全面深入的了解和认识。通过接访，我感到自身单调的文化层面已远远不能适应工作需要，学习《信访条例》等法律法规和有关政策已成为当务之急。通过不断的学习，进一步提高了解政治理论水平和业务水平。

## 四、增强了化解各种矛盾的应变能力

信访问题涉及经济、社会、法律、工业、农业、城市、农村等各个方面各个领域,信访群众一人一性,百人百性,有些群众情绪激动,需要理顺情绪;有些群众眼花耳聋,需要耐心沟通;有些群众行动不便,需要搀扶帮助;有些情况人多嘴杂,需要明确重点;有些情况事关重大,需要立即向有关领导如实反映。但每个信访问题都必须认真对待,与有关单位及时协调、沟通,及时交办、督办,做到"事事有着落,件件有回音"。

## 五、是增强了组织领导能力

通过一年多的工作实践,我对全国信访工作情况有了更深的了解,学到了一些领导艺术,学习如何为人处事,如何正确处理个人和集体、局部和全局、领导和被领导的关系,如何发挥团队精神,调动工作热情,发挥工作积极性,完成目标任务,亲眼目睹了领导干部为民解困的真情实景,我感觉到作为一名领导干部首先要做到权为民所用、利为民所谋、情为民所系,认识到官职越高、责任越重。

一年来,我虚心的学习,勤奋的工作,取得了优异的成绩,赢得了领导和同志们的充分肯定。一年来的学习锻炼,使我在各方面得到了提高,增强了公仆意识,提高了驾驭复杂局面的能力,也使我组织协调能力得到提高,这一年,不仅丰富了我的工作经验和人生阅历,而且使我逐渐走向成熟,实现了人生的一次跨越。对于我来说,是一次难得的机遇和一笔宝贵的精神财富,我终身难忘。

(原载2010年1月《甘肃风采》)

# 后 记

凡做文字工作的人，总有一股自我创造和积累的欲望。从事信访工作20年来，见证了信访工作为经济社会发展所做的贡献，见证了信访一年一个台阶发生的深刻变化，有感悟和思考，汇集自己所写的这些文章，留下点滴的积累和对信访工作实践的探索。

我是2000年9月从部队转业到地方工作的，分配在中共甘肃省委办公厅工作，先后在甘肃省委办公厅综合处、甘肃省委信访室、甘肃省信访局工作，从事信息综合、办信、接访、督查、办公室等工作。从事信访工作20年来，我认真学习，努力搞好本职工作，向从事信访工作的同志学习，不断认真探讨研究新形势下信访工作的理论，在到社区、基层、企业搞调研检查工作之时，撰写了关于信访工作的这些文章。这些文章，是我对新形势下信访工作一些粗浅的认识和体会。这些文章分别发表在《人民信访》《办公厅工作》《调查与研究》《党的建设》《甘肃风采》《甘肃工作》等刊物上。有的多次被评为优秀文章，有的被选登到著名的书籍刊物如《辉煌十五年》《与时俱进看中国》《三个代表在基层》等文献书籍里。

2008年3月，我到国家信访局挂职锻炼，是非常难得的学习机遇。近一年中，我埋头扎实工作，勤勤恳恳，任劳任怨，出色的完成了组织交给我的任务，通过接待全国各地的信访群众，真真切切感受到信访群众的所难、所怨、所急、所盼，切身理解了群众利益无小事，按照"热情、依法、负责、奉献"的八字要求，结合挂职工作锻炼，选取典型信访案件下访，积极思考、认真分析有关信访问题和来信来访研判材料。注意收集倾向性、苗头性的信访信息，及时加以总结，推动信访问题的处理，使我对信访工作有更深理解。

信访工作是党联系群众的桥梁和纽带，是了解社情民意的窗口，是上为党分忧、下为百姓解愁的基础工作。在撰写这些信访工作文章时，国家信访局研究室覃爱民副主任、国家信访局人事司秦宝邓副司长、国家信访局投诉办公室六处徐江副处长给予指导。甘肃省委副秘书长、省联席会议办公室主任、省信访局戴炳隆局长、省信访局秦仰贤副局长、薛生家副局长、张惠武副局长、吴学勤督查专员、王宗良督查专员、史虎平督查专员、高云德副巡视员给了我工作上的极大帮助，对每篇文章都进行了审阅。机关党委、办公室、办信处、来访接待处、综合处、督查处、驻京信访工作处的康明源、傅占礼、白林国、刘全生、王旭、吕剑峰、郑永生等处长对每篇文章都给我提出了宝贵的修改意见。甘肃省各市、州副秘书长、信访局长袁世兴、蔡虎林、秦俊山、张晓明、贾有忠、蔺耀文、陈敏、龚学爱、周晓宁、贺立峰、牛兴国、杨永贵、李文俊、旦志保等领导给予了这本书大力的支持。陕西省商洛市杜书华副秘书长、信访局长、商南县城关镇工委汪裕仓书记、西安永安环保科技有限公司汤建刚总经理也给予了大力的帮助。在这里我表示衷心的感谢。

这些文章是我从事信访工作近16年来撰写的体会文章，在50余篇信访工作的文章中，我将其中34篇精选集结成册，局领导和同志们都给予了大力支持。省上分管领导，原甘肃省委常委、常务副省长刘永富同志（现国家扶贫办主任）给予亲批点拨。

近年来，随着信访形势的发展，我在接访工作时，又积极探索新形势下的信访工作，努力学习。还撰写了一些文章。积极思考认真分析有关信访问题和研判材料，注意收集倾向性、苗头性的信访信息。如2004年6月，我撰写的《浅谈逐级上访》一文发表在《办公厅工作》杂志上，在刊物上的发表产生了积极影响。2014年12月4日，国家信访局以信复字[2014]567号对我撰写《信访理论与实践》的册子，做了评价，国家信访局办信司回函。国务院副秘书长、国家信访局局长舒晓琴称："所撰写的文章，体现了对信访业务的深入钻研与积极思考，望继续努力，为信访工作制度改革作出贡献。"这都充分体现了国家、省信访局对基层信访工作的关心关怀，充分体现了他们对基层信访工作的首肯，充分体现了对基层信访工作的高度重视。

基于这些考虑，把这零散文章集结成册，以供在实践中参考使用。成册中可能一些观点论述尚未充分展开，部分概念运用可能不够准确。但这毕竟是我对信访工作的认识，是我为更好的做好新形势下的信访工作做的努力。

由于才疏学浅，本书还有许多不尽如人意之处。比如对一些观点的论述尚未充分展开，部分概念的界定可能不够精确，部分资料的证引较为粗略等等。我想借本书，以起抛砖引玉之效，恳切希望读者批评指正。

时代在进步，社会在发展，激扬沸腾的岁月，天翻地覆的变迁，无时无刻不在触动我敏感的神经。思如潮涌，在构建社会主义和谐社会中为了美好的明天，愿谱写出新的更加绚丽和谐的篇章。